Sterling Silver 1

John Stevens

Englisch für Senioren

Sterling Silver 1   Englisch für Senioren

Verfasser   John Stevens
Verlagsredaktion   Christopher A. Caridia, Susanne Schütz
Herstellung   Sabine Theuring
Umschlagfoto   The Image Bank
Umschlaggestaltung   Sabine Theuring

Illustrationen   Linden Artists, London
Fotos   Comstock (S. 26, 44, 69), dpa Fotoreport (S. 76), David Graham (S. 47),
                         Helga Lade Fotoagentur (S. 51)

 http://www.cornelsen-teachweb.de

1. Auflage   €

  9.   8.   7.   Die letzten Ziffern bezeichnen
 05   04   03   Zahl und Jahr des Druckes.

Alle Drucke dieser Auflage können, weil untereinander unverändert, im Unterricht nebeneinander verwendet
werden.

Bestellnummer 20452

ISBN 3-8109-2045-2

Druck &
Weiterverarbeitung   Mateu Cromo, Spanien
Vertrieb   Cornelsen Verlag, Berlin

Gedruckt auf chlorfrei gebleichtem Papier ohne Dioxinbelastung der Gewässer.

EINLEITUNG

Diese Einleitung gibt Ihnen einen kurzen Über-
blick über Ziele und Inhalte dieses Englisch-
kurses.

Für wen ist das Buch gedacht?

Sterling Silver ist ein Lehrwerk, das speziell für
ältere Lernende entwickelt wurde. Mit „älteren"
Lernenden bzw. „Senioren" im Sinne dieses
Kurses sind alle Kursteilnehmer und -teilneh-
merinnen ab der Lebensmitte gemeint, die über
wenige oder gar keine Englischkenntnisse ver-
fügen. Der Kurs berücksichtigt die besonderen
Bedürfnisse dieser Zielgruppe durch eine sorg-
fältige, sehr langsame Progression mit ent-
sprechenden Wiederholungsschleifen, einer
klaren Struktur und einer übersichtlichen Ge-
staltung. Inhaltlich befaßt sich dieser Kurs mit
Situationen, in denen Englisch benötigt werden
könnte, z. B. auf Reisen, für Familien- oder
Freundeskontakte.

Was wird gelernt?

Der Kurs vermittelt einen Alltags relevanten
Grundwortschatz von ca. 500 Vokabeln, eine
Basisgrammatik (Schwerpunkt: Aussagen und
Fragen in der Gegenwart) und Redewendungen,
die für wichtige Situationen benötigt werden:
sich begrüßen und sich vorstellen, persönliche
Informationen geben und erfragen (Name,
Adresse, Telefonnummer, Familie, Freunde,
Beruf, Tagesablauf, Freizeit, Vorlieben und Ab-
neigungen), um etwas bitten, sich bedanken,
sich entschuldigen, Speisen und Getränke an-
bieten, Einladungen aussprechen, Vorschläge
machen und Komplimente aussprechen.

 Die mit diesem Symbol gekennzeichneten Texte sind auf der Cassette.

Wie ist das Buch aufgebaut?

In diesem Buch finden Sie eine fortlaufende
Geschichte, die auf einem Kreuzfahrtschiff spielt
(Näheres siehe Seiten 8–9). Die Geschichte ist in
zwanzig Hauptlektionen eingeteilt. Nach jeweils
vier Lektionen gibt es eine Wiederholungs-
lektion.
Jede der zwanzig Hauptlektionen ist gleich auf-
gebaut und besteht aus den Teilen *Presentation
and Practice* (Musterdialoge, Wortschatz,
Übungsdialoge), *Informationen & Tipps*
(deutsch-sprachige Hintergrundinformationen
und Hinweise), *Grammatik* (Grammatiktabellen
und Erklärungen), *Wichtige Redewendungen*
(englisch-deutsche Zusammenstellung der wichtigsten Redewendungen der Unit) und *Übungen*
(schriftliche Übungen für zu Hause oder in der
Klasse).
Im Anhang finden Sie zunächst ein nach Lektionen chronologisch geordnetes Wörterverzeichnis mit Übersetzungen der Musterdialoge.
Den Abschluss bildet eine englisch-deutsche
alphabetische Liste aller Vokabeln des Buches.
Die Musterdialoge der Hauptlektionen sind in
zweifacher Fassung auf der Cassette zu hören,
zunächst in langsamer und dann in normaler
Sprechgeschwindigkeit. Des Weiteren hören Sie
die wichtigen Redewendungen der Lektionen
und können diese nachsprechen.

Bevor Sie nun die Arbeit mit Lektion 1 beginnen, werfen Sie einen kurzen Blick in das In-
haltsverzeichnis (Seiten 4–5) und lesen dann
bitte die Tipps zum Lernen auf den Seiten 6–7.
Danach, auf den Seiten 8–9, werden die Person-
en vorgestellt, die Sie durch das Buch begleiten,
und darauf folgt eine kurze Beschreibung der
Kreuzfahrt.

Viel Spaß und Erfolg beim Englischlernen!

INHALT

TIPPS ZUM LERNEN

Sie haben sich entschlossen, etwas Neues zu lernen. Das ist ein erster, wichtiger Schritt. Etwas, das wir aktiv angehen, gelingt uns immer besser als etwas, zu dem wir gezwungen werden.

Vielleicht ist es aber lange her, Jahre, womöglich Jahrzehnte, dass Sie zuletzt in einem Klassenraum gesessen haben und sich in eine schulische Lernsituation begeben haben. Das kann Gefühle der Unsicherheit hervorrufen. Vielleicht befürchten Sie, dass Ihnen das Lernen schwerfallen wird oder der Kurs zu schnell vorangehen könnte. Solche Ängste sind verständlich – aber unbegründet. Zum einen, weil dieser Kurs so angelegt ist, dass niemand überfordert wird. Zum anderen, weil Sie durch Anwendung konkreter Techniken und Tipps den Lernprozess bewusst so steuern können, dass er erfolgreich verläuft.

In diesem Abschnitt des Buches sollen einige dieser Techniken und Tipps beschrieben werden.

GOLDENE REGEL 1

Regelmäßig und kurz üben

Gewöhnlich finden Sprachkurse für Erwachsene ein- bis zweimal die Woche statt. Diese Bedingungen sind nicht optimal, denn Pausen von mehreren Tagen zwischen Kursstunden führen zwangsläufig zum Vergessen – auch bei jungen Lernenden.

Darum ist es wichtig, dass Sie zwischen den Kursstunden wiederholen. Und hier gilt die Devise: lieber regelmäßig und kurz als selten und viel. Kurze Lern- und Wiederholungsphasen sind effektiver. Es bringt viel mehr, täglich 5 bis 15 Minuten lang die vergangene Kursstunde zu wiederholen, als z. B. einmal die Woche eine oder anderthalb Stunden zu lernen. Am besten ist es natürlich, wenn man regelmäßig täglich zur gleichen Zeit eine kurze Übungsphase ein-

plant. Wenn Ihnen das nicht möglich ist, versuchen Sie sich einen Wochenplan zu erstellen, bei dem Sie feste Lernzeiten einplanen. Übrigens ist es oft lustiger, mit anderen zusammen zu lernen. Vielleicht finden Sie Kursmitglieder, mit denen Sie sich außerhalb der Kursstunde verabreden können.

GOLDENE REGEL 2

Entspannung fördert das Lernen

Eine wichtige Voraussetzung für das erfolgreiche Lernen ist, dass Sie nicht unter Stress stehen, sondern entspannt sind. Gönnen Sie sich deshalb vor dem Lernen eine fünfminütige Entspannungspause. Setzen oder legen Sie sich bequem hin, lassen Sie vielleicht dabei eine dezente Lieblingsmusik im Hintergrund spielen, schließen Sie die Augen und stellen Sie sich vor, Sie sind auf dem Kreuzfahrtschiff, wo unsere Geschichte spielt. Sie sitzen im Liegestuhl an Deck, Sie spüren die warme Sonne auf Ihrer Haut, eine leichte Brise in den Haaren, das Schiff neigt sich in den sanften Wellen.

GOLDENE REGEL 3

Keine Angst vor Fehlern

Ein Sprichwort sagt, dass man aus Fehlern lernt. Und das stimmt. Haben Sie mal beobachtet, wie ein Kleinkind die Muttersprache lernt und wie oft es dabei Fehler macht? Sie sehen, Fehler machen gehört beim Erlernen einer Sprache dazu.

In der Schule wurden und werden Fehler oft als Fehlleistungen bewertet. In Ihrem Kurs ist das nicht der Fall. Machen Sie sich klar, dass sie eine wichtige Hilfe im Lernprozeß darstellen. Im Englischen heißt es doch beruhigenderweise *Nobody is perfect* (= Niemand ist perfekt).

TIPP 1

Wie trainiere ich eine gute Aussprache?

Die Aussprache ist ein Lerngebiet, wo jüngere Lernende im Vorteil sind. Mit zunehmendem Alter fällt es schwerer, die Laute einer fremden Sprache nachzuahmen. Deshalb ist es besonders wichtig, gezielt diesen Lernbereich zu üben.

Es gibt dafür noch einen weiteren Grund: Aussprache- und Intonationsfehler (d.h. eine falsche Satzmelodie oder Satzbetonung) können die Verständigung mit anderen stärker beeinträchtigen als z. B. Grammatikfehler.

Sie sollten möglichst viel mit der Cassette arbeiten. Hören Sie immer wieder die gesprochenen Dialoge, die Aussprache prägt sich dann umso leichter ein.

Wenn Sie mit dem Text soweit vertraut sind, versuchen Sie mit den Sprechern auf der Cassette mitzusprechen. Sie können auch die Pausentaste benutzen und die Sätze einzeln nachsprechen.

Die Arbeit mit der Cassette ist die wichtigste, die Sie alleine zu Hause machen können.

TIPP 2

Wie lerne ich den Wortschatz und behalte ihn auch?

Viele machen die Erfahrung, dass sie mit fortschreitendem Alter vergesslicher werden und Gelerntes weniger leicht behalten können. Deshalb hier einige konkrete Hinweise zum Vokabeln lernen:

1 Versuchen Sie Wörter nicht einzeln, sondern als Teil eines Satzes bzw. einer Redewendung zu lernen. Dadurch prägen sie sich besser ein und Sie lernen gleichzeitig, wie das entsprechende Wort angewandt wird.

2 Versuchen Sie „mit allen Sinnen" zu lernen. Es ist es wichtig, möglichst viele Verbindungen zwischem Neuem und Bekanntem zu schaffen.

Aber was heißt genau „mit allen Sinnen lernen"? Das bedeutet, dass Sie gleichzeitig das neue Wort lesen und sprechen und darüber hinaus versuchen mit der Vokabel möglichst viele Bewegungen und Fantasiebilder zu verknüpfen. Zwei Beispiele:

– Sie wollen in Unit 1 die Redewendung *Nice to meet you* (= Nett, Sie kennen zu lernen) lernen. Sie lesen den Satz im Wörterverzeichnis, sprechen ihn laut aus und machen dabei eine Bewegung, als würden Sie jemandem die Hand schütteln.

– Das Wort *juice* (Unit 7) bedeutet „Saft". Stellen Sie sich vor, während Sie dieses Wort mehrmals vor sich hinsprechen, dass Sie eine Apfelsine auspressen. Spüren Sie, wie die Frucht unter dem Druck Ihrer Finger nachgibt. Vielleicht hören Sie sogar die Tropfen fallen und schmecken den frisch gepressten Saft auf der Zunge.

TIPP 3

Wie lerne ich Grammatik, so dass ich sie richtig anwenden kann?

Lange Zeit wurde die Grammatik als Hauptinhalt des Sprachenlernens angesehen.

In diesem Kurs hat sie eine dienende Funktion: im Mittelpunkt steht immer die Verständigung mit anderen Menschen. Dass Sie andere Menschen begrüßen können, um etwas bitten können, zu etwas einladen können, ist viel wichtiger als grammatische Bezeichnungen oder Regeln auswendig zu können.

Lernen Sie die Grammatik durch Anwendung. Prägen Sie sich Mustersätze aus den Dialogen ein, sprechen Sie sie nach, schreiben Sie sie auf. Wiederholen Sie die Übungen, bis Sie alles richtig können, ohne bei den Grammatiktabellen oder im Schlüssel nachzusehen.

Üben macht den Meister!

In diesem Buch begleiten Sie Inge Schmitz aus Euskirchen bei Köln auf einer Reise in den Frühling. Jedes Jahr fährt sie mit ihrem Mann Bruno ans Mittelmeer. In diesem Jahr haben sie etwas Besonderes vor: Sie machen mit Brunos Kegelverein eine lang geplante Kreuzfahrt zu schönen Inseln im Ostatlantik.

An Bord sind Reisende aus verschiedenen europäischen Ländern, unter anderem auch aus Großbritannien. Recht bald lernt Inge Schmitz die Engländerin Ann Thomas kennen, die aus Oxford stammt, der berühmten Universitätsstadt nordwestlich von London.

Bald entdecken Inge und Ann Gemeinsamkeiten. Ann (Mitte 50) hat einen Sohn, der in Ebersberg bei München lebt, Inge (Anfang 50) eine Tochter in den USA. Dies ist auch der Grund, warum Inge und Bruno schon seit

Inge und Bruno Schmitz

einigen Jahren fleißig Englisch lernen: Sie wollen sich mit ihrem Schwiegersohn, dessen Familie und den späteren Enkelkindern verständigen können. Inge lernt ganz konsequent und kann schon fließend Englisch sprechen. Die gemeinsame Zeit mit Ann auf dem Schiff ist eine gute Gelegenheit für sie, ihr Englisch zu üben.

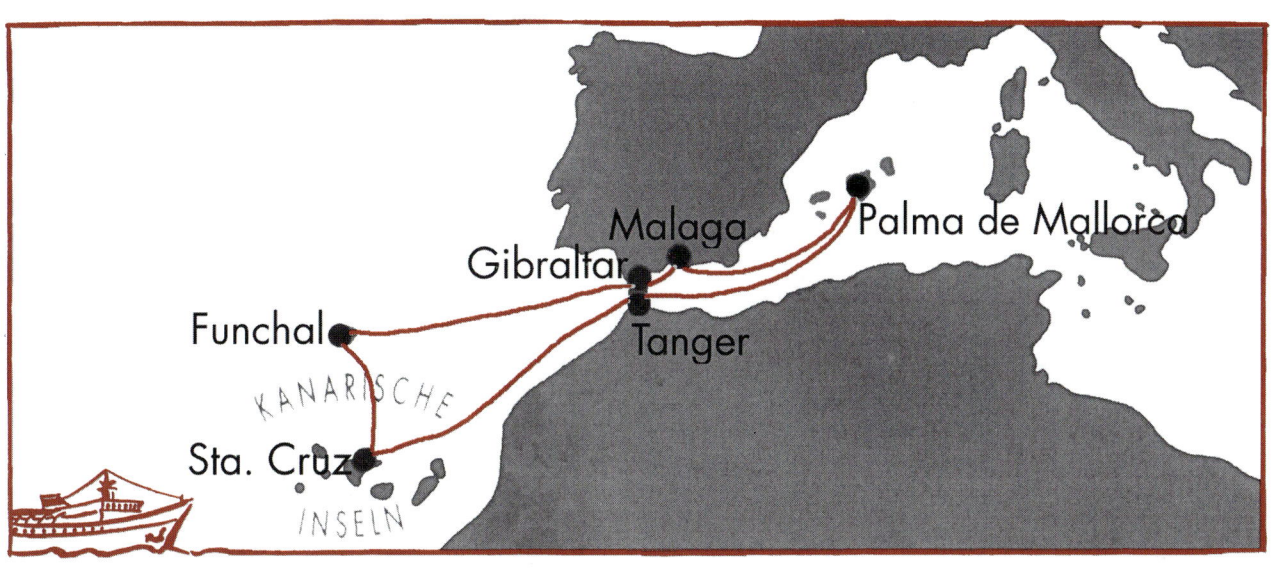

Ann ist geschieden und reist mit einer guten Bekannten, der 68-jährigen Mary Barnes. Mary ist Mutter und mehrfache Großmutter, hat aber vor nicht sehr langer Zeit ihren Mann verloren. Sie hat eine schwere Zeit hinter sich; jetzt ist sie dabei, sich auf ihr Leben allein einzurichten. Erst wollte sie gar nicht mitfahren, doch schließlich freut sie sich, dass sie sich von Ann überreden lassen hat. Die Begegnung mit Inge und dem lebenslustigen Bruno gibt ihr neuen Lebensmut.

Mary Barnes

Ann Thomas

PRESENTATION

🎧 **1a Ann stellt sich vor.**

Ann	Hello, my name's Ann, Ann Thomas.
Inge	Nice to meet you, Ann.
	My name's Inge, Inge Schmitz.
Ann	Nice to meet you.

🎧 **2a Ann fragt Inge, woher sie kommt.**

Ann	Where are you from, Inge?
Inge	I'm from Germany. I'm from
	Euskirchen. That's near Cologne.
	And where are you from, Ann?

┌───┐
ZUSATZWORTSCHATZ

Austria – *Österreich*	Berlin – *Berlin*
Switzerland – *die Schweiz*	Vienna – *Wien*
Munich – *München*	Zurich – *Zürich*
└───┘

PRACTICE

1b Stellen Sie sich den anderen Kursmit-gliedern vor.

A Hello, my name's *(Karin, Karin Hermes).*
B Nice to meet you, *(Karin).*
   My name's *(Rolf, Rolf Schneider).*
A Nice to meet you.

2b Üben Sie zu sagen, woher Sie kommen.

A Where are you from?
B I'm from *(Germany).* I'm from *(Dresden).*
   And you?
A I'm from …

🎧 3a Inge fragt Ann, woher sie kommt.

Inge Are you from the United States?
Ann No, I'm not. I'm from Britain.
Inge Are you from England?
Ann Yes, I am. I'm from Oxford.

ZUSATZWORTSCHATZ

the USA – *die USA*	France – *Frankreich*
Canada – *Kanada*	Spain – *Spanien*
Australia – *Australien*	Italy – *Italien*

3b Fragen Sie ein anderes Kursmitglied.

A Are you from *(Germany)*?
B Yes, I am. / No, I'm not.

*Germany • Austria • Switzerland • Berlin •
Munich • Cologne • France • Spain*

🎧 4 Hören Sie nun den gesamten Dialog.

INFORMATIONEN & TIPPS

Vornamen
Briten, Amerikaner und Menschen aus anderen englischsprachigen Ländern gebrauchen sehr oft und schnell Vornamen, auch im Geschäftsleben. Dies bedeutet aber nicht, dass man „per Du" ist, oder dass man befreundet ist.

Händeschütteln
Briten und Amerikaner begrüßen sich oft (aber nicht immer) beim Kennenlernen mit Handschlag. Wenn man sich schon kennt, werden Hände in der Regel nur vor oder nach einer längeren Abwesenheit geschüttelt.

England und Amerika
Im Deutschen sagen wir oft „England", meinen aber Großbritannien. Das stört die Engländer nicht – aber die Schotten, Waliser und Iren! Schotten, Waliser und die Iren aus Nordirland haben alle die britische Nationalität, sind also *British*. Wenn man sie jedoch fragt, wo sie herkommen, sagen sie wahrscheinlich *Britain, Scotland, Wales* oder *Northern Ireland*, je nachdem – nicht aber England!

Amerikaner bezeichnen sich als *American* (= amerikanisch, Amerikaner/in), geben ihre Herkunft aber mit *the United States, the States* oder *the USA* an.

GRAMMATIK

I'm from Germany.	I'm not from Britain.
Ich bin ...	*Ich bin nicht ...*
You're from Britain.	You're not from Spain.
Du bist/Ihr seid/	*Du bist/Ihr seid/*
Sie sind ...	*Sie sind nicht ...*

Kurzform	Langform
I'm	I am
You're	You are
My name's	My name is

Are you from England?	– Yes, I am.
Are you from the United States?	– No, I'm not.
Are you from Berlin?	– Yes, I am.
Are you from Euskirchen?	– No, I'm not.

- *you* entspricht „du", „ihr" und „Sie".

- Kurzformen werden meist in der gesprochenen Sprache gebraucht, Langformen, wenn man schreibt.

- *Yes* oder *No* allein klingt als Antwort etwas schroff. Die sogenannten „Kurzantworten" *Yes, I am* bzw. *No, I'm not* sind gefälliger und höflicher.
- In Fragen (z. B. *Are you ...?*) und Kurzantworten mit *Yes* (z. B. *Yes, I am*) dürfen nur Langformen benutzt werden – auch in der gesprochenen Sprache.

🎧 WICHTIGE REDEWENDUNGEN

Hello, my name's ... – *Guten Tag. Ich heiße ...*
Nice to meet you. – *Nett, Sie kennenzulernen.*
Where are you from? – *Woher kommen Sie?*
I'm from Germany. – *Ich bin aus Deutschland.*
I'm from Berlin. – *Ich bin aus Berlin.*

ÜBUNGEN

1   **Zu welchem Bild auf Seite 13 gehört die Sprechblase? Schreiben Sie die Ziffern 1–4 in die leeren Sprechblasen.**

No. My name's Glenn.
2

No, I'm not. I'm from Canada.
4

Nice to meet you.
1

I'm from Germany. I'm from Stuttgart.
3

2 *Am, is* **oder** *are*? **Benutzen Sie nur Langformen.**

1 Hello, my name _____ Frank.

2 Where _____ you from, Frank?

3 I _____ from Bregenz.

4 I _____ not from Switzerland. I _____ from Austria.

5 _____ you from England? – Yes, I _____

3 Wie antwortet Jack: *Yes, I am* **oder** *No, I'm not*?

1 Are you Mr Brown? – Jack: *No, I'm not.*

2 Are you from Canada? – Jack: _____

3 Are you from Britain? – Jack: _____

4 Are you from Scotland? – Jack: _____

5 Are you from England? – Jack: _____

4 Wissen Sie noch, wie es hieß?

1 Woher kommen Sie? _____

2 Sind Sie aus den Vereinigten Staaten? _____

3 Nein (bin ich nicht). _____

4 Ich bin aus Deutschland. _____

5 Ich heiße Inge. _____

I HAVE A DAUGHTER IN THE UNITED STATES.

PRESENTATION

🎧 **1a Inge hat eine Tochter in den Vereinigten Staaten.**

Inge   I have a daughter in the USA, near Boston.

Ann   And I have a son in Germany!

Inge   Really?

Ann   Yes.

PRACTICE

1b Erzählen Sie über Ihre Familie.

A   I have a *(son)* *(in Mainz)*.
      And I have a *(cousin)* *(in England)*.
      And ...
      And you?

B   I have a ...

ZUSATZWORTSCHATZ

a grandson – *ein Enkelsohn*

a granddaughter – *eine Enkeltochter*

a brother – *ein Bruder*

a sister – *eine Schwester*

a cousin – *ein Cousin, eine Cousine*

a friend – *ein Freund, eine Freundin; ein Bekannter, eine Bekannte*

🎧 **2a Anns Sohn lebt in Bayern, in der Nähe von München.**

Ann	He's in Bavaria, near Munich.
Inge	Oh yes.
Ann	His wife is German.

> **ZUSATZWORTSCHATZ**
>
> husband – *(Ehe-)Mann*
> son-in-law – *Schwiegersohn*
> daughter-in-law – *Schwiegertochter*

🎧 **3a Ann will Inge ihrer Freundin Mary vorstellen.**

Ann	Come and meet my friend.
She's over there.
Her name is Mary.

🎧 **4 Hören Sie nun den gesamten Dialog.**

2b Erzählen Sie von Ihrer Familie, zuerst von den Männern.

A I have a *(son)*. He's *(in Berlin)*.
His name is *(Bernd)*.
And you?

B ...

3b Erzählen Sie nun von den Frauen.

A I have a *(daughter)*. She's *(in Kassel)*.
Her name is *(Annette)*.
And you?

B ...

3c Laden Sie Ihre Nachbarin/Ihren Nachbarn ein, ein anderes Kursmitglied kennenzulernen.

A Come and meet *(Ingrid/Willi)*.
He's/She's over there.

INFORMATIONEN & TIPPS

Wer ist mein Freund?
Ann will Inge ihrer Freundin Mary vorstellen. *Friend* kann im Englischen fast jede Person sein, mit der man einigermaßen bekannt ist und gut auskommt – ein enger Freund, eine gute Nachbarin, ein Bekannter, den man nur selten sieht. Briten und Amerikaner unterscheiden nicht zwischen „Freund" und „Bekannter". Auch nicht zwischen „Freund" und „Freundin" – beides heißt schlicht *friend*.

Really?
Achten Sie auf die Art und Weise, wie Inge *really* und *oh yes* gebraucht und wie sie diese Wörter auf der Cassette spricht. Es klingt vielleicht ein bisschen übertrieben – aber nicht für englische Ohren. Unsere deutsche Sprechweise klingt für Englischsprechende manchmal etwas eintönig. Versuchen Sie also Inge nachzuahmen und sich insgesamt eine betont lebhafte Sprechweise anzugewöhnen.

GRAMMATIK

| he | Bernd, my son, a brother |
| she | Ann, her granddaughter, a sister |

- *he* = er; *she* = sie.
- *he* und *she* werden für Personen gebraucht, nicht aber für Sachen.

I'm (= I am) Ann.
You're (= You are) from Britain.
He's (= He is) my brother.
She's (= She is) over there.

- *I'm* = ich bin
  you're = du bist, ihr seid, Sie sind
  he's = er ist
  she's = sie ist

I'm Ann.	**My** name is Ann.
He's Alan.	**His** name is Alan.
She's Inge.	**Her** name is Inge.

- *I* = ich   *my* = mein/e
  he = er   *his* = sein/e
  she = sie   *her* = ihr/e

🎧 WICHTIGE REDEWENDUNGEN

I have a son/a daughter. - *Ich habe einen Sohn/eine Tochter.*
His/Her name is ... - *Sein/Ihr Name ist ...*
Come and meet my friend. - *Kommen Sie und lernen Sie meinen Freund/meine Freundin kennen.*

ÜBUNGEN

1 Kreuzworträtsel

1 She's his wife.

   He's her h_ _ _ _ _ _ .

2 I have a granddaughter Sally,

   and a g_ _ _ _ _ _ _ Tony.

3 My co_ _ _ _ is in America.

4 I'm from Bernau in G_ _ _ _ _ _ .

5 I h_ _ _ a son, Jack.

6 Not my brother, my s_ _ _ _ _ !

7 Not my sister, my b_ _ _ _ _ _ !

8 Come and meet my f_ _ _ _ _ Mary.

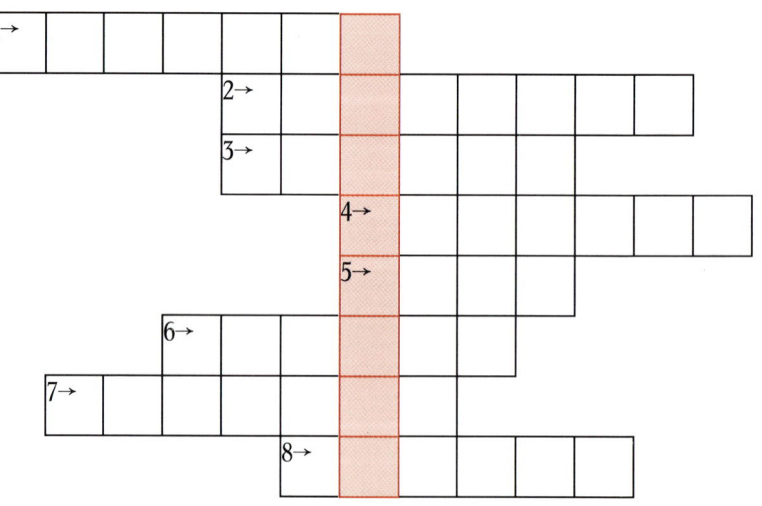

2 *he* **oder** *she*?

1 Ann Thomas   *she*

2 Willi Andersen   _____

3 my friend Inge   _____

4 her friend Ann   _____

5 her friend Mark   _____

6 his daughter   _____

7 his son   _____

8 cousin Isabelle   _____

3 *he's* **oder** *his*?

1 Come and meet my friend. _____

over there.

2 _____ name is George West.

3 _____ from Boston in the USA.

4 _____ daughter is in Germany.

5 George is my friend. _____ nice.

4 *he's, she's, his* **oder** *her*?

I have a daughter in Australia. _____ name is Lisa. _____ in Sydney.

_____ husband is from Switzerland. _____ from Bern.

_____ name is Urs.

5 Wissen Sie noch, wie es hieß?

1 Ich habe eine Tochter in den USA.

_____

2 Wirklich? _____

3 Er ist in Bayern, in der Nähe von München.

_____

4 Kommen Sie und lernen Sie meine Freundin kennen.

_____

UNIT 3 MARY, THIS IS INGE.

PRESENTATION

🎧 **1a Ann macht Inge mit ihrer Freundin Mary
bekannt.**

Ann   Mary, this is Inge.
         Inge, this is Mary.
Inge   Nice to meet you, Mary.
Mary Hello.

🎧 **2a Mary hat Inges Namen nicht richtig
verstanden.**

Mary Excuse me. What's your name?
Inge   It's Inge.
Mary Inge. Is that right?
Inge   Yes, that's right.

ZUSATZWORTSCHATZ

first name – *Vorname*
surname – *Familienname*
address – *Adresse*
the name of your town – *der Name Ihrer Stadt*
the name of your street – *der Name Ihrer Straße*

PRACTICE

**1b Machen Sie zwei Kursmitglieder mitein-
ander bekannt.**

A *(Karin)*, this is *(Ingrid)*.
   (Ingrid), this is *(Karin)*.
B Nice to meet you, *(Karin)*.
C Hello, *(Ingrid)*.

**2b Fragen Sie ein anderes Kursmitglied nach
seinem Namen usw.**

A Excuse me. What's *(your name)*?
B It's …

*your name • your first name • your surname •
your address • the name of your town •
the name of your street*

🎧 **3a Inge fragt, ob Ann Deutsch spricht.**

Inge Can you speak German, Ann?
Ann Yes, I can. A little.
Inge Oh good!

> **ZUSATZWORTSCHATZ**
>
> English – *Englisch*
> French – *Französisch*
> Italian – *Italienisch*
> Spanish – *Spanisch*
> No, I'm afraid not. – *Nein, leider nicht.*

🎧 **4 Hören Sie nun den gesamten Dialog.**

3b Welche Sprachen können Sie?

A Can you speak *(English)*?
B Yes, I can. / Yes, a little. / No, I'm afraid
not.

English • German • French • Italian •
Spanish

INFORMATIONEN & TIPPS

Das Vorstellen

Wenn man vorgestellt wird, gibt man sich auch
in englischsprachigen Ländern meist die Hand.
Eine leichte Verbeugung ist aber nicht üblich
und wirkt komisch oder altmodisch. Statt-
dessen lieber freundlich lächeln und dem Ge-
genüber in die Augen schauen.
Wenn Sie zwei Personen einander vorstellen,
gebrauchen Sie ruhig ihre Vornamen. Je nach
Förmlichkeit der Situation können Sie auch den
Nachnamen nennen. Beispiele: *This is my wife
Andrea* oder *This is Andrea* oder *This is Horst
Schmidt.* Etwas steif dagegen wirkt z. B. – auch
in Geschäftssituationen – *This is Mr/Mrs
Schmidt* (= Das ist Herr/Frau Schmidt).
Genausowenig sollten Sie sich selber mit z. B.
I'm Mr Schmidt vorstellen. Sagen Sie *I'm Bernd*
bzw. *I'm Bernd Schmidt* (oder *My name's ...*).
Im Englischen kann man sich nicht vorstellen,
indem man nur den Nachnamen nennt (vgl.
z. B. „Schmidt. Guten Tag.").

Can you speak German?

Mary kann kein Deutsch, aber Ann ist eine
rühmliche Ausnahme – es gibt nicht viele
Briten und Amerikaner, die gut Deutsch können. Deutsch ist an britischen Schulen normalerweise erst die zweite Fremdsprache (nach
Französisch). Manche Briten und Amerikaner
meinen (leider immer noch), sie brauchten
keine Fremdsprachen zu lernen, weil ja alle
Welt Englisch spricht.
Vielleicht ist das aber auch der Grund, warum
die meisten recht tolerant und hilfsbereit
gegenüber Fremden sind, die Englisch sprechen,
und Fehler einfach überhören. Nicht selten wird
man mit einem Kompliment wie *Your English is
good* für seine Bemühungen belohnt.
Also keine Scheu vor Fehlern, keine Hemmun-
gen – munter drauflossprechen.

GRAMMATIK

It's (= It is) Inge.
This is Mary.
That's (= That is) right.
What's (= What is) your name?

I'm Ann.   **My** name is Ann.
You're Mary.   **Your** name is Mary.
He's Alan.   **His** name is Alan.
She's Inge.   **Her** name is Inge.

Can you speak English? – Yes, I **can**.

- *it's* = es ist   *that's* = das ist
  this is = dies ist   *what's* = was ist
- *it* entspricht „es", aber auch „er" und „sie", weil im Englischen alle Dinge sächlich sind. Zum „Tisch" oder „Baum" sagt man z. B. *it*, nicht *he*.

- *your* entspricht „dein/deine", „euer/eure" und „Ihr/Ihre".

- *can* = können

WICHTIGE REDEWENDUNGEN

This is Inge. – *Das ist Inge.*
Excuse me. – *Entschuldigung. / Entschuldigen Sie.*
What's your name? – *Wie ist Ihr Name?*
Can you speak German? – *Können/Sprechen Sie Deutsch?*
Yes, I can. – *Ja (kann ich).*
Yes, a little. – *Ja, ein wenig.*
No, I'm afraid not. – *Nein, leider nicht.*

ÜBUNGEN

1 Ordnen Sie zu.

1 James, this is Helen.

2 Janet, this is Chris.

3 Excuse me. What's your surname?

4 Is Werner your first name?

5 Is Chur the name of your town?

☐ a It's Müller. My first name is Barbara.

☐ b Yes, that's right. It's in Switzerland.

☐ c Nice to meet you, Chris.

☐ 1 d Helen, this is James.

☐ e No, it's my surname.

2 Schreiben Sie die Sätze an die richtige Stelle.

> Is that right?
> Yes, I can.
> Can you speak English?
> Yes, that's right.
> What's the name of this street?

A Excuse me. *Can* _____

B _____ A little.

A Oh good. _____

B It's Lenzstraße.

A Lenzstraße. _____

B _____

3 Kreuzworträtsel. Wie lauten die Sprachen?

1 *Vive la France!*

2 Auf Wiedersehen!

3 Bella Italia!

4 Olé!

5 Dinner for one!

1→ 5↓

2→

3→

4→

4 *Where's, What's* oder *It's*?

1 _____ Vermont? – _____ in the USA.

2 _____ the name of your town? – _____ Paderborn.

3 _____ Ann from? – She's from England.

4 _____ Bingen? – _____ in Germany.

5 _____ Calw? – _____ the name of a town in Germany.

PRESENTATION

🎧 **1a Inge erzählt, dass sie mit ihrem Mann reist.**

Inge   I'm here with my husband.
We're here with his club.
What's "Kegelverein" in English, Ann?

Ann   Skittles club.

PRACTICE

**1b Fragen Sie, wie Begriffe wie „Kegelverein"
auf Englisch heißen.**

A Excuse me. What's *(Kegelverein)* in English?
B Skittles club.

ZUSATZWORTSCHATZ

sports club – *Sportverein*
ski club – *Skiverein*
hiking club – *Wanderverein*
carnival club – *Karnevalsverein, Faschingsgesellschaft*

music club – *Musikverein*
church group – *Kirchenkreis*
choir – *Chor*

2a 🎧 Mary will wissen, wie Inges Mann heißt.

Inge Well, we're here with my husband's skittles club.

Ann My daughter-in-law is a member of a skittles club.

Inge Oh really.

Mary What's your husband's name, Inge?

Inge Bruno.

ZUSATZWORTSCHATZ

neighbour – *Nachbar, Nachbarin*
best friend – *bester Freund, beste Freundin*
teacher – *Lehrer, Lehrerin*

2b Fragen Sie ein anderes Kursmitglied nach den Namen seiner Verwandten.

A What's your (*husband's*) name?

B (*Werner.*)
What's your (*granddaughter's*) name?

A ...

2c Finden Sie heraus, in welchen Vereinen Ihr/e Partner/in Mitglied ist.

A Are you a member of a (*skittles club*)?

B Yes, I am. / No, I'm not.

A (*What's the name of your club?*)

B ...

3a 🎧 Ann, Inge und Mary verabschieden sich.

Inge Bruno is over there with his friends.
They're all in the bar. I must go now.

Ann OK. See you later.

Inge Yes, goodbye.

Mary Bye-bye, Inge.

ZUSATZWORTSCHATZ

hotel – *Hotel*   coach – *(Reise-)Bus*
restaurant – *Restaurant*   museum – *Museum*

3b Teilnehmer *A* ist mit einer Reisegruppe unterwegs und muss jetzt gehen.

A I'm here with a German tour group.
They're all in the (*bar*). I must go now.

B Goodbye.

A Goodbye.

bar • coach • museum • restaurant • hotel

4 🎧 Hören Sie nun den gesamten Dialog.

INFORMATIONEN & TIPPS

Vom Kegelverein zum Karneval

Anns (deutsche) Schwiegertochter und Bruno sind Mitglieder in zwei der vielen Kegelvereinen. Die britische Entsprechung, den *skittles club*, findet man dagegen vergleichsweise selten. Und was den Karneval betrifft: er wird in Großbritannien, wie in anderen vorwiegend protestantischen Gegenden Nordeuropas, nicht gefeiert.

bar und **Bar**

In Großbritannien bezeichnet das Wort *bar* den Schankraum in einer Gaststätte oder einem Hotel, bzw. den Tresen im Schankraum. Bar im Sinne von Nachtlokal heißt dagegen *night club*. In den USA ist es wiederum etwas anders: eine *bar* ist ein Lokal, wo man alkoholische Getränke trinken kann.

GRAMMATIK

I'm	I **am**	we're	we **are**
you're	you **are**	you're	you **are**
he's	he **is**	they're	they **are**
she's	she **is**		
it's	it **is**		

- Mit *we are* und *they are* haben Sie jetzt alle Gegenwartsformen des Verbs *be* (= sein) gelernt.

What's Bruno**'s** surname?
What's his wife**'s** name?
What's your neighbour**'s** name?
What's the name **of** his club?
What's the name **of** the restaurant?

- Um Besitz oder Zugehörigkeit auszudrükken, gibt es zwei Möglichkeiten:
  - *'s* bei Eigennamen und Personen
  - *of* bei Sachen
- *'s* um Besitz auszudrücken; nicht mit *'s = is* verwechseln!

WICHTIGE REDEWENDUNGEN

What's "Kegelverein" in English? – *Wie heißt „Kegelverein" auf Englisch?*
I'm a member of a choir. – *Ich bin Mitglied in einem Chor.*
What's your husband's name? – *Wie heißt Ihr Mann?*
I must go. – *Ich muss gehen.*
See you later. – *Bis später.*
Goodbye/Bye-bye. – *Auf Wiedersehen. / Wiedersehen.*

ÜBUNGEN

1 **Welche Gebäude/Einrichtungen sind gemeint?**

_____   _____   _____   _____

2 *am, is* **oder** *are*?

I _____ Ann Thomas and this _____ Mary. She _____ my friend. We _____ from England. I have a son in Germany. He _____ in Bavaria. Inge _____ over there with her husband. They _____ in the bar. Her husband's name _____ Bruno.

3 Ordnen Sie die Wörter so, dass sich daraus Sätze ergeben.

1 surname/is/Inge's/Schmitz   *Inge's surname is Schmitz.*

2 husband's/first name/Bruno/is/Her   _____.

3 member/club/He/is/of/a/skittles/a   _____.

4 What's/name/club/of/the/the   _____?

5 The/of/address/my/hotel/is/Museum Street, London   _____.

6 name/my/of/choir/The/is/Allegro Vivace   _____.

4 Ergänzen Sie: *from, in, near, of, with.*

I'm _____ the bar _____ a nice hotel _____ London. I'm here _____ my English friend Alex. He's _____ Scotland.

5 Schreiben Sie die Sätze unter das richtige Bild.

She's his mother.
They're grandfather and granddaughter.
They're from Germany.
He's her son.
She's with her grandfather.
He's from the USA.

_____   _____

_____   _____

_____   _____

6 Welches Wort passt jeweils nicht zu den anderen drei? Kreisen Sie es ein.

1	grandson	brother	daughter	son
2	choir	sports club	music group	music club
3	See you later.	Goodbye.	Bye-bye.	Hello.
4	street	member	teacher	neighbour

1 Wortschatz: Familienmitglieder
Arbeiten Sie in Gruppen zu dritt.

a Wie viele Wörter wissen Sie noch, die Familien-
mitglieder oder Verwandte bezeichnen? Machen
Sie in Ihrer Gruppe eine Liste.

daughter,

b Nacheinander nennt jede Gruppe ein Wort von ihrer Liste.
Wenn ein Wort genannt wird, das Sie auch auf Ihrer Liste
haben, haken Sie es ab. Ergänzen Sie Wörter, die nicht auf
Ihrer Liste standen. Welche Gruppe hat die längste Liste?

son   *son-in-law*   ...

2 Redewendungen: Andere vorstellen
Ordnen Sie die Sprechblasentexte in
den Dialog ein.

Inge   Come and meet my husband.
      Ann, ...[1]
      Bruno, ...[2]
Bruno ...[3], Ann.
Ann   ...[4]
Inge   Ann is from England.
Bruno ...[5] in England, Ann?
Ann   From Oxford.

... this is Ann.

... this is Bruno.

Nice to meet you, Bruno.

And where are you from ...

Nice to meet you ...

3 Grammatik: Fürwörter und Formen von *be*
Ordnen Sie zu.

1	Are you from the USA?	a	His name is Bernd.
2	I have a son.	b	No, I'm not. I'm from Austria.
3	My friend's name is Jenny.	c	Yes, I am. From New York.
4	I'm here with my choir.	d	She's over there.
5	Are you from Germany?	e	They're all in the hotel now.

4 Redewendungen: Sich und andere vorstellen

a Erfinden Sie für sich einen neuen Namen und Wohnort!

Name	Hilary
Town	Washington
Country	the United States

b Üben Sie folgenden Dialog mit einem anderen Kursmitglied.

A Hello, my name's *(Hilary)*.
B Nice to meet you, *(Hilary)*.
   My name's *(Sophia)*.
A Nice to meet you *(Sophia)*.
B Where are you from?
A I'm from *(Washington)* in *(the United States)*.
   And you?
B I'm from *(Rome)* in *(Italy)*.

c Gehen Sie nun in der Klasse herum und stellen Sie sich den anderen Kursmitgliedern vor.

d Machen Sie dann zwei andere Kursmitglieder miteinander bekannt. (Mit ihren erfundenen Namen!)

A *(Hilary)*, come and meet *(George)*.
   (Hilary), this is *(George)*.
   (George), this is *(Hilary)*.
B Nice to meet you *(George)*.
   ...

6 Rückblick

In Units 1–4 haben Sie unter anderem gelernt, wie man …

… sich vorstellt.	*Hello, my name is (Ingrid).*
… jemand anderen vorstellt.	*This is (Else).*
… jemanden begrüßt.	*Nice to meet you.*
… nach der Herkunft fragt.	*Where are you from?*
… darauf antwortet.	*I'm from (Germany).*
… über sich Auskunft gibt.	*My first name is (Ingrid).*
	My surname is (Mayer).
	My address is (Lenzstraße 20 in Euskirchen).
	I'm a member of (a choir).
	I can speak (German and English).
… von seiner Familie erzählt.	*I have a (son). (His) name is (Bernd). (He's in Berlin.)*
	My (husband's) name is (Klaus).
… sich verabschiedet.	*Goodbye.*

PRESENTATION

🎧 **1a Ann fragt Inge und Bruno, wie es ihnen geht.**

Ann   Good morning, Inge. How are you?

Inge   Fine thanks.

Ann   And you, Bruno? How are you?

Bruno   Oh, OK. Too much beer last night, I'm afraid!

ZUSATZWORTSCHATZ

Good afternoon. – *Guten Tag.* [am Nachmittag]

Good evening. – *Guten Abend.*

Not so bad. – *(Mir geht es) ganz gut.*

I'm not very well. – *Mir geht es nicht (sehr) gut.*

PRACTICE

1b Fragen Sie sich gegenseitig, wie es Ihnen geht.

A   Good *(morning).* How are you?

B   *(Fine thanks.)* And you?

A   *(Fine thanks.)*

🎧 2a Ann bietet Kaffee an.

Ann	Would you like some coffee?
Inge	Yes, please.
Ann	And you Bruno? Would you like some coffee?
Bruno	No, thank you.
Ann	Would you like some tea? Or water?
Bruno	Water, please.

2b Bieten Sie einem anderen Kursmitglied etwas an.

A Would you like some *(coffee)*?
B Yes, please. / No, thank you.

coffee • tea • beer • water • wine • juice • milk

ZUSATZWORTSCHATZ

wine – *Wein*   juice – *Saft*   milk – *Milch*

🎧 3a Ann sagt, dass es Mary nicht gut geht.

Inge	Where's Mary?
Ann	In our cabin.
Inge	Oh. Is she OK?
Ann	No, she isn't, I'm afraid. Mary lost her husband not long ago.
Inge	Oh, I'm sorry.

3b Beantworten Sie Fragen mit *Yes, she is* oder *No, she isn't.*

A Is *(Mary OK today)*?
B Yes, she is. / No, she isn't.

Mary OK today • Ann fine • (Karin) well • (Ingrid) well • Mary a member of a skittles club • (Karin) a member of a skittles club • (Ingrid) a member of a ... club

🎧 4 Hören Sie nun den gesamten Dialog.

INFORMATIONEN & TIPPS

Wie geht's?
Auf die Frage nach dem Befinden erwartet ein Brite oder Amerikaner die Bestätigung, dass es einem gut geht *(Fine thanks)*. *I'm not very well* sagt man nur, wenn man sich richtig schlecht oder krank fühlt.

Warum haben die Engländer immer Angst?
Gemeint ist, warum sie immer *I'm afraid* sagen. Die Antwort hat mit Höflichkeit zu tun; wenn ein Brite etwas Unangenehmes sagen muss, fügt er vorsichtshalber *I'm afraid* hinzu, um sich gleich dafür zu entschuldigen!

„Guten Nachmittag"
Eine von der Tageszeit unabhängige Begrüßung wie „Guten Tag" gibt es im Englischen nicht. Dafür gibt es je nach Tageszeit verschiedene Begrüßungsformeln: *Good morning* (morgens), *Good afternoon* (nachmittags), *Good evening* (abends).
Wichtig ist noch, dass man *Good evening* nur sagen kann, wenn man sich trifft. Je nach Uhrzeit verabschiedet man sich abends mit *Goodbye* oder *Good night* (= Gute Nacht).

GRAMMATIK

It's Mary's and my cabin. It's **our** cabin.

- unsere Kabine

Is she from England?
– Yes, **she is.** / No, **she isn't.**

- In der Kurzantwort wird das Verb *(is)* und die Person *(she)* aus der Frage wiederholt.

🎧 WICHTIGE REDEWENDUNGEN

How are you? – Fine thanks. – *Wie geht es dir/euch/Ihnen? – Gut, danke.*
Would you like some coffee? – *Möchtest du/Möchtet ihr/Möchten Sie etwas Kaffee?*
– Yes, please. / No, thank you. – *Ja gern. / Nein danke.*
She isn't very well. – *Ihr geht es nicht gut.*
I'm afraid not. – *Leider nicht.*
I'm sorry. – *Es/Das tut mir Leid.*

ÜBUNGEN

1 *I'm afraid* **oder** *Excuse me?*

2 *Yes, she is* **oder** *No, she isn't?*

1 Is she Julia Ford? _____

2 Is she with her husband? _____

3 Is she OK? _____

4 Is she from the USA? _____

5 Is she a member of a choir? _____

3 Welcher Ausdruck passt jeweils nicht zu den anderen drei? Kreisen Sie ihn ein.

1	Good morning.	Goodbye.	Good afternoon.	Good evening.
2	Fine thanks.	OK.	Not very well.	Yes, please.
3	water	coffee	wine	tea

4 Ordnen Sie die Sätze so, dass sich daraus ein Gespräch ergibt. Schreiben Sie die Ziffern 1–7 in die Kästchen.

[ ] I'm fine, thanks. And you?

[ ] Oh, I'm sorry. Would you like some coffee?

[1] Good morning.

[ ] Fine thanks. How is your husband?

[ ] Good morning. How are you today?

[ ] He's not very well, I'm afraid. He's in the hotel.

[ ] Yes, please.

5 Kreuzworträtsel: *my, your, his, her, our*

across (waagerecht)
1 _ _ _ surname is Black. _ _ _ first name is Tony.
2 I'm a member of a choir. The name of _ _ choir is Allegro Vivace.
4 We're OK. _ _ _ hotel is very good.

down (senkrecht)
1 This is Ann, and this is _ _ _ friend Mary.
3 How is _ _ _ _ husband this morning? – He's fine, thank you.

6 Wissen Sie noch, wie es hieß?

1 Wie geht es Ihnen? _____

2 Gut, danke. _____

3 Möchten Sie etwas Kaffee? – Ja gerne. _____

4 Nein, danke. _____

5 Möchten Sie etwas Tee? Oder Wasser? _____

6 Ach, das tut mir Leid. _____

UNIT 7 CAN I HAVE THE BUTTER, PLEASE?

PRESENTATION

🎧 **1a Bruno bittet um die Butter.**

Bruno Can I have the butter, please?
Ann Yes, of course. Here you are.
Bruno Thank you.
Ann You're welcome.

> **ZUSATZWORTSCHATZ**
>
> sugar – *Zucker*   pepper – *Pfeffer*
> salt – *Salz*   bread – *Brot*

🎧 **2a Ann ist neugierig.**

Ann Tell me. Who is the man over there?
       Is he in your skittles club?
Bruno No, he isn't.
Inge He's very tired.
Ann Yes, he is, but he's good-looking.

> **ZUSATZWORTSCHATZ**
>
> tall – *groß (gewachsen)*   slim – *schlank*
> short – *kurz*   old – *alt*
> fat – *dick*   young – *jung*

PRACTICE

1b Sie sitzen am Tisch. Bitten Sie um Speisen und Getränke.

A Can I have the *(butter)*, please?
B Yes, of course. Here you are.
A Thank you.
B You're welcome.

*butter • milk • bread • coffee • water •
sugar • tea • salt*

2b Beantworten Sie Fragen mit *Yes, he is* oder *No, he isn't.*

A Is *(Bruno tired)*?
B Yes, he is. / No, he isn't.

*Bruno, tired • he, good-looking • Bruno,
young • he, tall • he, fat • (Alfons), here
today • (Alfons), good-looking*

🎧 **3a Ann ist immer noch neugierig.**

Ann   And the people over there – are they in
           your club?

Bruno Yes, they are.

Inge   Their cabin is next to our cabin.
           Their name is Mayer.

Ann   Are they married?

Inge   No, they aren't. They're both single.
           They're brother and sister, Rolf and
           Trudi Mayer.

3b Beantworten Sie Fragen mit *Yes, they are*
    oder *No, they aren't.*

A Are *(Bruno and Inge married)*?

B Yes, they are. / No, they aren't.

Bruno and Inge married • *the Mayers from
Germany* • *the Mayers married* • *they all in
the restaurant* • *(Karin and Alfons) here
today* • *(Ingrid and Frank) tired today* • *the
people in your … club nice* • *the people here
nice*

🎧 **4   Hören Sie nun den gesamten Dialog.**

INFORMATIONEN & TIPPS

Höflichkeit ist großgeschrieben

Im Deutschen kann man höflich sein, ohne
ständig „bitte" und „danke" zu sagen. Im
Englischen dagegen ist es wichtig – wenn man
nicht unangenehm auffallen will – immer
please zu gebrauchen, wenn man um etwas
bittet, und *thank you*, wenn jemand etwas gibt
oder einem einen Gefallen tut.
Übrigens: Wenn Sie etwas mit „Danke" im
Sinne von „Nein danke" ablehnen wollen,
achten Sie darauf, dass Sie im Englischen *No
thank you*, nicht einfach *Thank you* sagen.
Beispiel: „Möchten Sie etwas Kaffee?" –
„Danke." (= *Would you like some coffee? –
No, thank you.*)

„bitte"

„Bitte" entspricht *please*, wenn Sie um etwas
bitten.
Wenn Sie jemandem etwas reichen und im
Deutschen „bitte (schön/sehr)" sagen würden,
können Sie im Englischen nicht *please* sagen.
Richtig ist *Here you are.*
Wenn sich jemand bei Ihnen bedankt und Sie
„bitte (schön/sehr)" im Sinne von „Keine Ursache" sagen wollen, benutzen Sie im Englischen *You're welcome.*

GRAMMATIK

Am I in this cabin?	Yes, you are. / No, you aren't (= are not).
Are you tired?	Yes, I am. / No, I'm not (= am not).
Is he in your club?	Yes, he is. / No, he isn't (= is not).
Is she from England?	Yes, she is. / No, she isn't (= is not).
Are we all here?	Yes, we are. / No, we aren't (= are not).
Are you all in Bruno's club?	Yes, we are. / No, we aren't (= are not).
Are they married?	Yes, they are. / No, they aren't (= are not).

- In der Kurzantwort steht:
  - *Yes + I am, you are, he is* usw.
  - *No + I am, you are, he is* usw. + *not.*

I'm with **my** son.
You're in **your** club.
He's in **his** cabin.
She's in **her** hotel.

We're with **our** friend.
You're in **your** cabin.
They're with **their** son.

Who's the man over there? – He's my friend.
Where's he from? – Oxford.
What's his name? – Jack.
How is he? – Fine thanks.

- Die Kurzformen können nur in den Kurz-antworten mit *no*, nicht aber in den Kurz-antworten mit *yes* stehen.

- Mit *their* haben Sie jetzt alle besitzanzeigen-den Fürwörter gelernt – außer *its* = „sein/e" bzw. „ihr/e" (bei Sachen).
- *its* nicht mit *it's* verwechseln:
  It's a hotel. Its name is the London Hotel.

- *who?* = wer?   *where?* = wo/wohin?
  what? = was/wie?   *how?* = wie?
- *who* und *where* nicht verwechseln!

🎧 WICHTIGE REDEWENDUNGEN

Can I have the butter, please? – *Kann ich bitte die Butter haben?*
Yes, of course. Here you are. – *Ja natürlich. Bitte (schön).*
Tell me. – *Sagen Sie mal/sag mal.*
Thank you. – You're welcome. – *Danke. - Bitte (schön).*

ÜBUNGEN

1 *they're* **oder** *their*?

Jack and Alison are from the USA. _____ in Germany now. _____ with

_____ son and _____ daughter-in-law, Karin. _____ in

Garmisch-Partenkirchen now, in _____ hotel. Karin is from Garmisch. She is German.

2 Beantworten Sie diese Fragen zu Übung 1 mit *Yes, they are* **oder** *No, they aren't.*

1 Are Jack and Alison from the USA?   _____

2 Are they in the USA now?   _____

3 Are they in a hotel?   _____

4 Are they with their son?   _____

5 Are their son and daughter-in-law both American?   _____

3 Was wissen Sie noch? Ordnen Sie die Fragen den Antworten zu, indem Sie die Ziffern 1–8 in die Kästchen schreiben.

1 Is Bruno here with his skittles club?   ☐ Yes, it is.

2 Are Bruno and Inge from Hamburg?   ☐ Yes, she is.

3 Is Ann's surname Thomas?   1 Yes, he is.

4 Is Inge's daughter in the USA?   ☐ No, he isn't.

5 Is Mary married now?   ☐ No, they aren't.

6 Is Ann's son in Cologne?   ☐ No, he isn't.

7 Is Bruno Bruno Braun?   ☐ Yes, they are.

8 Are the Mayers in Bruno's club?   ☐ No, she isn't.

4 Schreiben Sie die Wörter unter das richtige Bild.

bread – butter – church – coffee – hotel – husband – juice – member – milk – neighbour –
restaurant – salt – sugar – tea – teacher – water – wife

_____ _____ _____ _____

_____ _____ _____ _____

_____ _____ _____ _____

_____ _____ _____ _____

PRESENTATION

🎧 **1a Ann will wissen, wie viele Mitglieder der Kegelverein hat.**

Ann How many people are there in Bruno's club?

Inge Let me see. There are one, two, three, four, five couples. That's ten people. The Mayers, twelve. Franz and Willi Günther, fourteen. And Irmgard and Ulla, sixteen.

Ann Sixteen people altogether?

Inge Yes, sixteen with husbands and wives and friends. Eight men and eight women.

1 one	9 nine	17 seventeen
2 two	10 ten	18 eighteen
3 three	11 eleven	19 nineteen
4 four	12 twelve	20 twenty
5 five	13 thirteen	21 twenty-one
6 six	14 fourteen	22 twenty-two
7 seven	15 fifteen	23 twenty-three
8 eight	16 sixteen	24 twenty-four

PRACTICE

1b Üben Sie die Zahlen.

A How many *(people)* are there in this class?

B ...

people • men • women • friends • teachers • husbands • wives • married people • tall people • nice people

1c Spielen Sie Bingo. (Spielanleitung auf S. 37)

2a Ann und Inge machen sich Komplimente.

Ann   Your English is very good, Inge.

Inge That's nice of you to say so. Thank you.
        Bruno and I are members of an English
        class.

Ann   Is that an evening class?

Inge Yes, that's right. Our teacher is an
        Englishman.

Ann   Oh.

Inge Your dress is very nice, Ann.

Ann   Thank you.

2b Machen Sie sich gegenseitig Komplimente.

A   Your (accent) is very good/nice.

B   Thank you. That's nice of you to say so.

> **ZUSATZWORTSCHATZ**
>
> accent – *Akzent*
> pronunciation – *Aussprache*
> pullover – *Pullover*
> watch – *(Armband-)Uhr*
> blouse – *Bluse*

3   Hören Sie nun den gesamten Dialog.

INFORMATIONEN & TIPPS

Mann und Frau

Man (= Mann) und *husband* (= Ehemann),
woman (= Frau) und *wife* (= Ehefrau) nicht
verwechseln!

„Das ist mein Mann." = *This is my husband.*
„Wie geht es Ihrer Frau?" = *How is your wife?*

Evening classes

Inge besucht einen Abendkurs. Abend- und
Tageskurse für Erwachsene werden in Großbritannien in ähnlicher Art und Weise ange-
boten wie bei Volkshochschulen, kirchlichen
Bildungsstätten und dergleichen Organisationen
hierzulande. Das Angebot reicht von rein
schulischen Fächern wie Mathematik, über
Sprachen zu Hobby-Kursen verschiedenster Art.
Die Kurse finden in Schulen und Gemeinde-
zentren statt.

Bingo!

Bingo wird in Großbritannien als Glücksspiel,
oft in ehemaligen Kinogebäuden und großen
Hallen betrieben. Spieler (oftmals Spielerinnen)
kaufen eine Karte mit einer Reihe von Zahlen
darauf, z. B. zwischen 1 und 90. Die Zahlen
werden in willkürlicher Reihenfolge ausgerufen
bzw. erscheinen auf einer elektronischen Tafel.
Wer zuerst alle Zahlen auf der Karte durch-
streichen kann, hat gewonnen.

> Bingo-Spielanleitung
> Jedes Kursmitglied trägt mit Bleistift neun
> Zahlen zwischen 1 und 24 in beliebiger Reih-
> enfolge in die Kästchen der Bingokarte ein.
> Der Kursleiter/Die Kursleiterin oder auch ein
> Kursmitglied ruft Zahlen zwischen 1 und 24
> in beliebiger Reihenfolge aus. Streichen Sie
> die ausgerufenen Zahlen auf Ihrer Karte
> durch. Wer zuerst eine ganze Reihe senkrecht
> oder waagerecht durchstreichen konnte, ruft
> Bingo! Sie haben gewonnen.

GRAMMATIK

one friend	two friend**s**
one couple	two couple**s**
one teacher	two teacher**s**
one class	two class**es**
one watch	two watch**es**
one man	two **men**
one woman	two **women**
one wife	two **wives**

a class	**an** English class
the class	**the** English class

- Die Mehrzahl wird in der Regel durch An-hängen von -s gebildet.
- Bei Hauptwörtern, die auf *s, ch, sh, x* und *o* enden, wird *-es* angehängt. Dieses *-es* wird wie das Wort *is* ausgesprochen.
- Einige wenige Hauptwörter haben eine besondere Mehrzahlform.

- Vor a, e, i, o, u wird *a* zu *an*.
- Vor a, e, i, o, u wird *the* wie *three* ohne das „r" gesprochen.

⌂ WICHTIGE REDEWENDUNGEN

How many are there? – *Wie viele gibt es?*
Let me see. – *Lass/lassen Sie mich mal sehen.*
That's nice of you to say so. – *Es ist nett von Ihnen, das zu sagen.*

ÜBUNGEN

1 Schreiben Sie die Zahl und die richtige Form des Hauptwortes aus.

1 I have (2/grandson) *two grandsons* and (3/granddaughter) *three granddaughters.*

2 I'm a member of a club with (8/man) _____ and (7/woman) _____ .

3 (3) _____ of my (friend) _____ and their (wife) _____ are

(member) _____ of the club.

4 I'm in (2/evening class) _____ , a German class and a Spanish class.

5 Can I have the (name) _____ and (address) _____ of (6/hotel) _____

_____ in the town, please?

6 The (coach) _____ are near the hotel.

7 It's a town with (5) _____ nice old (church) _____ .

8 I have (15) _____ (pullover) _____ and (12/blouse) _____ .

2 *a, an* **oder nichts?**

1 I'm from _____ old town in Germany. It's _____ nice old town with _____ old church
and _____ nice hotels.

2 My Italian class is _____ morning class, not _____ afternoon or _____ evening class.
The teacher is _____ Italian woman.

3 Can you speak English? – _____ little. I'm _____ member of _____ English club.

4 My address? It's _____ German address, _____ address in Germany.

3 **Schreiben Sie die Aufgaben und die Lösungen.**

1 9 + 4 = …   *Nine and four is thirteen.*

2 10 + 12 = …   _____ is _____

3 7 + 4 = …   _____ is _____

4 19 + 5 = …   _____

5 3 + 18 = …   _____

6 15 + 5 = …   _____

7 6 + 14 = …   _____

8 8 + 13 = …   _____

4 **Bezeichnen diese Wörter nur Männer, nur Frauen oder Männer und Frauen?**

brothers
daughters
daughters-in-law
Englishmen
friends
Germans
grandsons
husbands
members
neighbours
sisters
teachers
wives

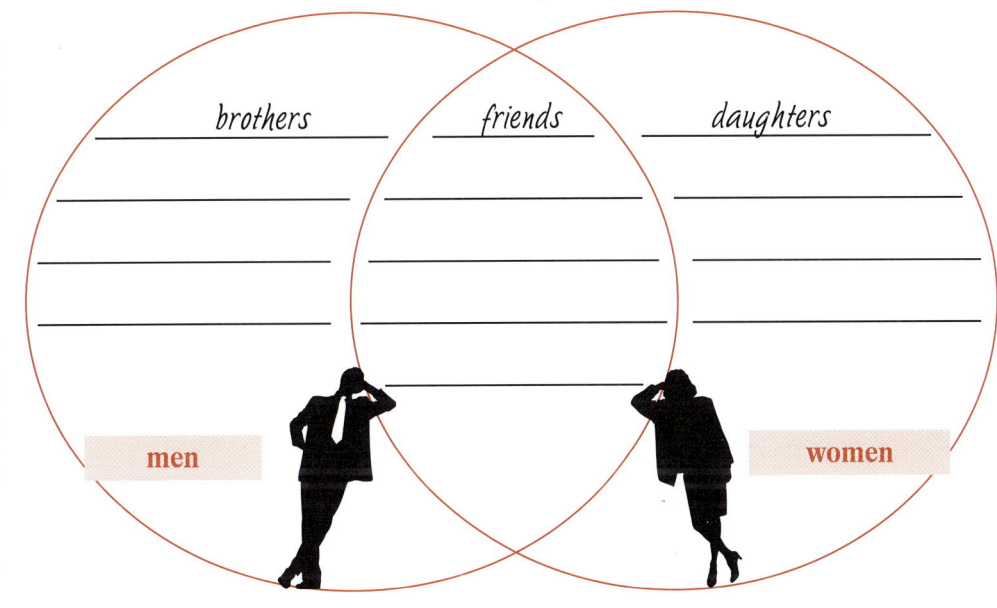

UNIT 9 WHERE ARE YOU FROM IN GERMANY?

PRESENTATION

🎧 **1a Ann fragt, wo Inge und Bruno in Deutschland leben.**

Ann Where are you from in Germany?

Inge We live in Euskirchen.
That's southwest of Cologne.

Bruno It's a medium-sized town.

ZUSATZWORTSCHATZ

north of – *nördlich von*
south of – *südlich von*
east of – *östlich von*
west of – *westlich von*
place – *Ort*
city – *Großstadt*
village – *Dorf*
big – *groß*
small – *klein*

PRACTICE

1b Üben Sie zu sagen, wo Sie herkommen.

A Where are you from?

B I live in ... *(That's north/south/... of ...)*
(It's a medium-sized town.)

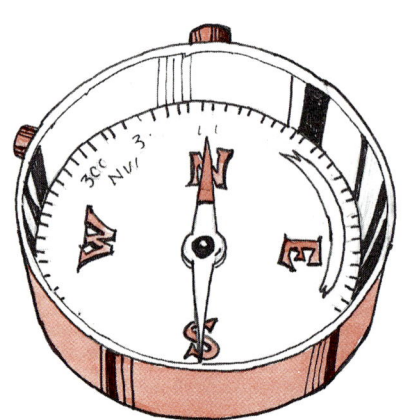

🎧 2a Inge fragt, wo Anns Sohn lebt.

Inge And your son, Ann?

Ann He lives in the south of Germany.
In Ebersberg.

Bruno Oh yes. That isn't far from Munich.

Ann That's right. It's about 30 kilometres east
of Munich.

ZUSATZWORTSCHATZ

in the north of – *im Norden von*

in the east of – *im Osten von*

in the west of – *im Westen von*

in the middle of – *in der Mitte von*

2b Sagen Sie, wo Ihre Verwandten und Freunde wohnen.

A And your son/daughter/sister/...?

B He/She lives in ... *(That's in the north of
Germany.) (It's a small village.)
(It isn't far from ...)
(It's about ... kilometres from ...)*

30	thirty	70	seventy
40	forty	80	eighty
50	fifty	90	ninety
60	sixty	100	a/one hundred

🎧 3a Bruno sagt, dass sie ursprünglich nicht aus Euskirchen stammen.

Bruno We aren't from Euskirchen originally.
I'm from Magdeburg originally.

Ann And you Inge?

Inge I'm not from East Germany.
I'm from Mannheim originally.

3b Was könnten Sie sagen?

Bruno isn't ... • *Inge isn't ...* • *I'm not ...* •
In this class we aren't (all) ... • *In Bruno's club
they aren't (all) ...*

🎧 4 Hören Sie nun den gesamten Dialog.

INFORMATIONEN & TIPPS

big – tall

Big und *tall* nicht verwechseln: Sie entsprechen
beide „groß". *Big* ist das allgemein gebrauchte
Wort; *tall* bedeutet „groß (gewachsen)" bei
Menschen, bzw. „hoch" bei Gebäuden. Beispiele:
„Das ist eine große Stadt." = *That's a big town.*
„Ihr Mann ist sehr groß." = *Her husband is very
tall.*

Kilometer

In Großbritannien und den USA werden Stra-
ßenentfernungen nicht in Kilometern, sondern
in Meilen *(= miles)* angegeben. Eine Meile ist
ca. 1,6 Kilometer. Das Wort *kilometre* wird in
Großbritannien mit *-re* am Ende geschrieben, in
den USA aber mit *-er*, wie im Deutschen.

GRAMMATIK

Kurzform		Langform
I'm not	–	I **am not** married.
You're not	You **aren't**	You **are not** fat.
He's not	He **isn't**	He **is not** Italian.
She's not	She **isn't**	She **is not** my sister.
It's not	It **isn't**	It **is not** old.
We're not	We **aren't**	We **are not** tired.
You're not	You **aren't**	You **are not** old.
They're not	They **aren't**	They **are not** old.

I/We/You live near Cologne.
He/She live**s** in Berlin.

- Verneinte Sätze werden mit *not* (= nicht) gebildet.
- Für alle Personen außer *I* gibt es zwei mögliche Kurzformen in der Verneinung.

- *he, she, it* – das „s" muß mit!

🎧 WICHTIGE REDEWENDUNGEN

Where are you from in Germany? – *Woher kommen Sie in Deutschland?*
I live in the north of Germany. – *Ich lebe im Norden von Deutschland.*
I live in Euskirchen. – *Ich wohne/lebe in Euskirchen.*
That's southwest of Cologne. – *Das liegt südwestlich von Köln.*
It's a medium-sized town. – *Es ist eine mittelgroße Stadt.*
That isn't far from Munich. – *Das ist nicht weit von München.*
It's about 30 kilometres east of Munich. – *Es liegt etwa 30 Kilometer östlich von München.*
I'm from Madgeburg originally. – *Ich bin ursprünglich aus Magdeburg.*

ÜBUNGEN

1 Beschreiben Sie die Lage der Orte auf der Karte.

1 *Oxford is about ninety kilometres northwest of London.*

2 St Albans _____ northwest of London.

3 Canterbury _____

4 Colchester _____

5 Guildford _____

6 Henley _____

7 Brighton _____

2 Kreisen Sie die richtige Zahl ein.

1	sixteen	(16)	60	_____	5	ninety	19	90	_____
2	sixty-seven	67	76	_____	6	thirteen	13	30	_____
3	eighty	18	80	_____	7	forty-four	14	44	_____
4	seventy-five	57	75	_____	8	fifteen	15	50	_____

Unterstreichen Sie jetzt die andere Zahl in jedem Paar und schreiben Sie sie aus.

3 Ergänzen Sie die richtigen Formen von *be.*

1 Bruno *isn't* a member of a choir. He _____ in a skittles club!

2 Inge's daughter _____ in New York. She _____ near Boston.

3 Ann and Mary _____ both single. They _____ married now.

4 Ann: I can speak German, but I _____ German. I _____ British.

5 Inge & Bruno: We _____ from Euskirchen originally. We _____ from Mannheim and Magdeburg originally.

4 Wissen Sie noch, wie es hieß?

1 Woher sind Sie in Deutschland? _____

2 Wir leben in Euskirchen. _____

3 Es ist eine mittelgroße Stadt. _____

4 Es liegt („ist") etwa dreißig Kilometer östlich von München. _____

_____

5 Ich bin ursprünglich aus Mannheim. _____

1 Wortschatz: Essen und Trinken

Arbeiten Sie mit einem Partner/einer Partnerin.
Wie viele Wörter wissen Sie noch, die Speisen und
Getränke bezeichnen? Sehen Sie ggf. die Units 1–9
im Wortschatzanhang durch. Machen Sie eine Liste.
(Die Liste dient Ihnen als Unterlage für Übung 2.)

coffee, _____

_____

_____

2 Redewendungen: Am Tisch

Arbeiten Sie nun in zwei Paaren. Jedes Paar
hat die Liste aus Übung 1. Abwechselnd bittet
jedes Paar um etwas, das auf der Liste steht.

A/B Can I have the coffee, please?
C/D Yes, of course. Here you are.
A/B Thank you.
C/D You're welcome.

Wenn das andere Paar die Speise oder das
Getränk nicht auf der eigenen Liste stehen
hat, bietet es etwas anderes an.

A/B Can I have the coffee, please?
C/D Sorry, we have no (= keinen) coffee.
       Would you like some tea?
A/B Yes, please. / No, thank you.

3 Die Zahlen

Alle Kursmitglieder arbeiten zusammen. Ein Kursmitglied beginnt und
sagt *one*. Der Reihe nach zählen die anderen weiter: *two, three, four,
five* usw. Wenn eine Zahl aus Versehen zweimal genannt wird oder
sonst ein Fehler gemacht wird, beginnen Sie wieder bei *one*.
Wie weit können Sie zählen?

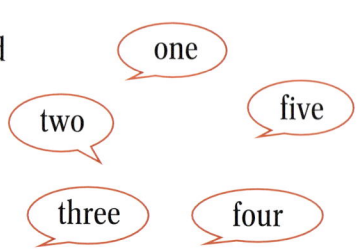

4 Redewendungen: Die Lage des Wohnorts beschreiben

a Jedes Kursmitglied erfindet einen neuen Wohnort. Kreuzen Sie die Details Ihres neuen Wohnorts in dieser Tabelle an.

1 in the	☐ north	of	☐ England	2	☐ small	☐ medium-sized	☐ big
	☐ south		☐ France				
	☐ east		☐ Germany	3	☐ village	☐ town	☐ city
	☐ west		☐ Italy				
	☐ middle		☐ the USA				

b Üben Sie nun den folgenden Dialog mit anderen Kursmitgliedern.

A Where are you from?

B I'm from a place *(in the north of Italy)*.

A Is it a village, a town or a city?

B It's a *(medium-sized city)*.
And you? Where are you from?

A ...

5 Grammatik: *Is he/she ...? – Yes, he/she is. / No, he/she isn't.*

Arbeiten Sie mit einem anderen Kursmitglied. Wählen Sie eine Person, die Sie gut kennen, sagen Sie aber nicht, wer es ist. Ihr/e Partner/in soll durch Fragen so viel über Ihre Person herausfinden wie möglich.

Is it a man or a woman?	Is he/she fat/slim?
Is he/she from *(Germany/Euskirchen/...)*?	Is he/she good-looking?
Is he/she young/old?	Is he/she a member of your family?
Is he/she tall/short?	Is it *(your son Uli)*?

6 Rückblick

In den Units 6–9 haben Sie unter anderem gelernt, wie man ...

... nach dem Befinden fragt.	*How are you? – Fine, thanks. / Not so bad.*
... etwas anbietet.	*Would you like some (tea)? – Yes, please. / No, thank you.*
... um etwas bittet.	*Can I have the (water), please? – Yes, of course. Here you are.*
... sich bedankt.	*Thank you. – You're welcome.*
... Komplimente macht.	*Your (dress) is very nice. – That's nice of you to say so.*
... den Wohnsitz beschreibt.	*I live in (Paderborn). That's a place ...*

Außerdem haben Sie die Zahlen 1–99 gelernt.

PRESENTATION

🎧 **1a Ann möchte etwas mehr über Euskirchen wissen.**

Ann   Tell me about Euskirchen.
What is there to do and see?

Inge   There's a nice theatre. But there isn't really an interesting museum.

Bruno There's a good skittles club! And there's the carnival, too. But there isn't a good football team.

Inge   There isn't really a big park. But there's beautiful countryside near Euskirchen. The Eifel.

Ann   Oh yes. The Eifel.

ZUSATZWORTSCHATZ

a river – *ein Fluss*

a new swimming pool – *ein neues Schwimmbad*

a modern sports centre – *ein modernes Sportzentrum*

a cinema – *ein Kino*

a famous castle – *eine berühmte Burg, ein berühmtes Schloss*

PRACTICE

1b Sagen Sie, was es in Ihrer Stadt/Gegend zu sehen gibt.

A What is there to do and see here in …?

B There's a/an …
There isn't *(really)* a/an …

*small •
big • old • new •
good • beautiful •
nice • famous •
interesting*

*park •
cinema • theatre •
sports centre • castle •
river • church •
museum*

2a Bruno und Inge sehen die Vorzüge ihrer Stadt ganz unterschiedlich!

Ann What else is there?

Inge There are some nice places near Euskirchen.

Bruno There are some good pubs.

Inge There aren't a lot of good shops. But we're not far from Cologne and Bonn.

Bruno There aren't any good night clubs.

Inge Oh Bruno!

ZUSATZWORTSCHATZ

interesting old buildings – *interessante alte Gebäude*
nice old houses – *schöne alte Häuser*

2b Was gibt es hier noch zu sehen?

A What else is there here in ...?

B There are some ...
There aren't any ...
There are/aren't a lot of ...

*good •
nice • old •
interesting • new
big • beautiful*

*shops •
restaurants/pubs •
museums • buildings •
places near here •
houses • hotels*

3 Hören Sie nun den gesamten Dialog.

INFORMATIONEN & TIPPS

Pubs

Bruno sagt, dass es in Euskirchen einige gute *pubs* gibt. Das britische *pub* ist eine besondere Einrichtung. Es ist oft in einem alten oder historischen Gebäude untergebracht. Und auch wenn das nicht der Fall ist, erinnert das Pub-Schild mit dem Pub-Namen draußen vor dem Haus oft an die Vergangenheit. Die Räume sind z. T. mit alten Bildern, Messing- und Kupfergegenständen geschmückt. Manchmal brennt ein offenes Feuer im Kamin. Auf alle Fälle wird Wert auf eine gemütliche Atmosphäre gelegt; der Gast soll sich, oft wie in einem privaten Wohnzimmer, wohl fühlen.

Früher gab es für *pubs* sehr strenge Öffnungszeiten, meist 11.30–14.30 und 18.00–22.30 Uhr. Heutzutage sind die Öffnungszeiten sehr viel flexibler.

In den meisten *pubs* kann man heute nicht nur etwas zu trinken bekommen, sondern auch speisen. Eine Besonderheit gibt es dabei: Getränke und Essen werden an der Theke bestellt und gleich bezahlt. Das Essen wird zwar dann oft an den Tisch gebracht, sonst gibt es aber keine Bedienung.

GRAMMATIK

There's (= There is) a good shop.
There isn't a good hotel.
There are some good shops.
There aren't any good hotels.

- *there is/there are* = „es gibt"
  there is + Einzahl (*a shop, the theatre* usw.)
  there are + Mehrzahl (*shops, theatres* usw.)

There is **some** tea.
There isn't **any** coffee.
There are **some** good pubs.
There aren't **any** night clubs.

- In verneinten Sätzen wird nicht *some*
  (= etwas/ein paar/einige) sondern *any*
  gebraucht. *Not + any* entspricht „kein/e".

🎧 WICHTIGE REDEWENDUNGEN

Tell me about Euskirchen. – *Erzählen Sie mir von Euskirchen.*
What is there to do and see? – *Was gibt es zu tun und zu sehen?*
There isn't really a good museum. – *Es gibt eigentlich kein gutes Museum.*
What else is there? – *Was gibt es (sonst) noch?*

ÜBUNGEN

1 *there is* **oder** *there are*?

Ashford is a town in southeast England, about 100 kilometres southeast of London. It's an old town

and _____ some nice old buildings. _____ an old church and _____ a

museum, too. _____ a cinema in Ashford, but _____n't a theatre.

_____ some nice shops and _____ some good hotels and restaurants.

_____ some interesting places not far from the town, and _____ a beautiful old

castle near Ashford, too.

2 *some, any* **oder** *a*?

1 There are _____ interesting clubs in Ashford, but there aren't _____ carnival

clubs.

2 I have _____ nice cabin. There are _____ very nice cabins here.

3 There are _____ German people in the group, but there aren't _____ English

people.

4 There aren't _____ nice dresses in this shop.

5 There's _____ hotel with _____ very good restaurant in Ashford Street.

6 There aren't _____ young people in my club.

7 There isn't _____ beer, but there is _____ wine.

8 There's _____ bread, but there isn't _____ butter.

9 There's _____ water here for you.

3 Kreuzworträtsel

1 Tell me _ _ _ _ _ your town.
2 Is it far? - _ _ _ me see.
3 There's a theatre, and there's a cinema, _ _ _ .
4 There aren't a lot _ _ good shops.
5 I must _ _ now.
6 _ _ _ _ _ _ me. What's your name, please?
7 Nice _ _ meet you.
8 _ _ _ many people are there in the tour group?
9 There's a museum, a castle and a theatre,
   but what _ _ _ _ is there?
10 There isn't _ _ _ _ _ _ a good hotel here.

1	2	3	4	5	6	7	8	9	10
A	L	T	O	G	E	T	H	E	R

5 Wissen Sie noch, wie es hieß?

1 Erzählen Sie mir über Euskirchen. _____

2 Was gibt es zu tun und zu sehen? _____

3 Was gibt es noch? _____

4 Es gibt nicht viele gute Geschäfte. _____

5 Die Landschaft ist schön. _____

PRESENTATION

🎧 **1a Bruno möchte etwas über Oxford wissen.**

Bruno   Tell me about Oxford.
        Is there a good football team?

Mary   No, there isn't. Sorry, Bruno.

Ann   There's a football club, but it isn't very good.

Bruno   Is there a carnival?

Ann   Yes, there is. But it isn't like the German carnival.

🎧 **2a Bruno möchte mehr wissen.**

Bruno   Are there any good pubs?

Mary   Yes, there are.

Bruno   Are there a lot of night clubs?

Ann   No, there aren't. Sorry, Bruno.

Inge   Oxford is an old university town.

Bruno   Yes, I know, but ...

PRACTICE

1b Was gibt es hier in unserer Gegend/Stadt?

A   Is there *(nice countryside near here)*?

B   Yes, there is. / No, there isn't.

nice countryside near here • a big sports centre in ... • a good restaurant/hotel in ... • an Italian restaurant in ... • a theatre in ... • an interesting museum in ... • a castle near here • a famous building in ... • a big city near here

2b Was für Leute gibt es in diesem Englischkurs?

A   Are there *(a lot of women)* in this class?

B   Yes, there are. / No, there aren't.

a lot of women • many men • any people from east/west Germany • any people with friends in America • any people with a good English accent • any married couples • any young people • a lot of nice people

3a Ann fragt, ob Inge und Bruno Fotos sehen möchten.

Ann   Would you like to see some photos?
Inge   Yes, please.
Mary This is one of the old colleges.
Inge   Oh, lovely.

ZUSATZWORTSCHATZ

No, thank you. Later perhaps. – *Nein, danke. Später vielleicht.*
I'm sorry but I can't just now. – *Es tut mir leid, aber ich kann gerade nicht.*
go for a meal – *essen gehen*
go for a drink – *etwas trinken gehen*
go to the theatre – *ins Theater gehen*
go to the cinema – *ins Kino gehen*
go shopping – *einkaufen gehen*
visit my family – *meine Familie besuchen*

4 Hören Sie nun den gesamten Dialog.

3b Laden Sie ein anderes Kursmitglied ein, etwas mit Ihnen zu unternehmen.

A   Would you like to *(go for a meal)*?
B   Yes, please. / No, thank you. Later perhaps.

go for a meal • go for a drink now • visit our museum • see the town • go shopping • come and meet my family • go to the theatre • go to the cinema • see the countryside near here

INFORMATIONEN & TIPPS

Oxford und „Oxford-Englisch"

Oxford liegt etwa 90 Kilometer nordwestlich von London und ist ein beliebtes Reiseziel für Englandbesucher. Oxford beherbergt die älteste Universität Englands (aus dem 12. Jahrhundert) mit vielen herrlichen mittelalterlichen Gebäuden. Die Universität setzt sich aus verschiedenen *Colleges* zusammen; das sind quasi eigenständige Schulen innerhalb der Universität, wo Studenten und Lehrpersonal auch wohnen.

Das berühmteste und sehenswerteste *College* ist *Christ Church* aus dem 15. Jahrhundert. Es liegt an der Themse.
„Oxford-Englisch" gilt z. T. noch hierzulande als der Inbegriff des „richtigen", korrekten Englisch. Der Ausdruck ist jedoch veraltet und wurde sogar früher in England eher im negativen Sinn gebraucht, da *Oxford English* als affektiert und snobbistisch galt.

GRAMMATIK

Is there a carnival?   Yes, **there is.**
                            No, **there isn't.**
Are there any good hotels?   Yes, **there are.**
                            No, **there aren't.**

- Fragen und Kurzantworten mit *there is* und *there are* werden wie andere Fragen und Kurzantworten mit *is* und *are* gebildet: *is* bzw. *are* wird in der Kurzantwort wiederholt.

Would you like to see **some** photos?
Can I have **some** water, please?
Is there **any** wine?
Are there **any** good pubs?

- In Fragen, die Angebote oder Bitten darstellen, steht *some*.
- In anderen Fragen wird *any* gebraucht.

Would you like some coffee?
Would you like **to see** the town?

- *Would you like* wird vor einem Verb mit *to* gebraucht.

🎧 WICHTIGE REDEWENDUNGEN

It isn't like the German carnival. – *Es ist nicht wie der deutsche Karneval.*
Would you like to see some photos? – *Möchten Sie (einige) Fotos sehen?*
- Yes, please. – *Ja gerne.*
  Oh, lovely. – *Ach wie schön!*
- No, thank you. Later perhaps. – *Danke nein. Später vielleicht.*
  I'm sorry but I can't just now. – *Es tut mir leid, aber ich kann gerade nicht.*

ÜBUNGEN

1   Beantworten Sie diese Fragen zu dem Bild auf Seite 53 mit *Yes, there is/are* **oder** *No, there isn't/aren't.*

1   Is there an Englishman in the group?   _____

2   Is there an Englishwoman in the group?   _____

3   Is there a tall man?   _____

4   Is there an Italian woman?   _____

5   Are there any people from Austria?   _____

6   Is there a teacher in the group?   _____

7   Is there a Spanish man?   _____

8 Are there any Germans?   _____

9 Are there any married couples?   _____

2 Schreiben Sie Fragen mit *Would you like* **oder** *Would you like to*.

1 (some juice) *Would you like some juice?* – Not just now, thank you.

2 (coffee) _____? – Yes, please.

3 (visit me in Germany) _____? – Oh, lovely.

4 (the butter) _____? – No, thank you.

5 (come and meet Angela) _____? – Later perhaps.

3 Ergänzen Sie die Fragen mit *some* **oder** *any*. **Danach wählen Sie die passende Antwort rechts.**

1 Can I have _____ butter, please?	☐	Yes, please.
2 Are there _____ good museums here?	☐	No, sorry. But there is some nice wine.
3 Can I see _____ photos, please?	*1*	Yes, of course. Here you are.
4 Would you like _____ coffee?	☐	No, I'm afraid not. We're all from Austria.
5 Is there _____ beer?	☐	No, there aren't, I'm afraid.
6 Are there _____ Germans here?	☐	Sorry. The photos are all in my hotel.

PRESENTATION

🎧 **1a Inge fragt Mary nach ihrer Familie.**

Inge	Mary, tell me about your family.
Mary	Well, I have a son, John. He's married and has two daughters.
Inge	Oh lovely.
Mary	I also have a daughter. She's divorced. She has two boys.
Inge	So you have four grandchildren.
Mary	Yes, that's right.

ZUSATZWORTSCHATZ

a child, two children – *ein Kind, zwei Kinder*
I have no children. – *Ich habe keine Kinder.*

PRACTICE

1b Unterhalten Sie sich über Ihre Familien.
A   Tell me about your family.
B   Well, I have ... *(He/She has ...)*

> *children • son •*
> *daughter • relatives •*
> *an English/American husband/wife •*
> *boy • girl*

relative – *Verwandte(r)*
girl – *Mädchen*

🎧▶ **2a Mary erzählt über ihre Enkelkinder.**

Inge   How old are your grandchildren?

Mary   The two boys, Craig and Alexander, are twelve and nine. And my granddaughters are five and three.

Inge   Oh nice.

Mary   The children also have some animals. Craig and Alexander have a dog. And my son's family has a cat called Samson.

Inge   That's a funny name for a cat.

2b Erzählen Sie Ihrem Nachbarn/Ihrer Nachbarin Näheres über Ihre Familie.

A   (My grandchildren are ten and eleven.)
    (Their names are …)
    (I also have a cat called Lilly.)

2c Und nun erzählen Sie der Klasse, was Ihr/e Nachbar/in erzählt hat.

B   (Ingrid) has (two children).
    (She also) has (five grandchildren).

🎧▶ **3a Inge stellt fest, dass ihr Kaffee kalt ist.**

Inge   This coffee's cold.

Mary   Oh dear.

Inge   Is your tea OK?

Mary   Yes, it's fine.

Inge   Oh good.

ZUSATZWORTSCHATZ

(too) hot – *(zu) heiß*	noisy – *laut*
warm – *warm*	late – *(zu) spät,*
awful – *schrecklich*	*verspätet*

3b Sagen Sie, ob das, was Ihr/e Nachbar/in berichtet, Sie freut (Oh good!) **oder Ihnen leid tut** (Oh dear!).

A   (This coffee is cold).

B   Oh good! / Oh dear!

This coffee is cold. • And my beer is warm. • There are some very nice shops here. • Our cabin is very hot. • The Boston is an awful hotel. • It's very noisy. • But the countryside near the town is lovely. • You're late!

🎧▶ **4   Hören Sie nun den gesamten Dialog.**

INFORMATIONEN & TIPPS

warm* and *hot

Nicht *warm* sondern *hot* ist manchmal die englische Entsprechung für das deutsche Wort „warm". So heißt es z. B.:

It's hot in here. = Es ist warm (unangenehm warm) hier.

I'm hot. = Mir ist warm (unangenehm warm).

It's a hot meal. = Es ist eine warme Mahlzeit.

so* and *also

Das deutsche Wort „also" nicht mit dem englischen Wort *also* verwechseln! Inge sagt zu Mary *So you have four grandchildren.* (= Sie haben also vier Enkelkinder.) Das deutsche Wort „also" heißt im Englischen *so*.

Das englische Wort *also* hat die gleiche Bedeutung wie *too*, nämlich „auch": *They also have some pets.* (= Sie haben auch Haustiere.)

GRAMMATIK

I	**have** a dog.
You	**have** four grandchildren.
He	**has** a son in Canada.
She	**has** a nice name.
It	**has** good beer.
We	**have** a cat.
You	**have** a good-looking son.
They	**have** two daughters.

- Von dem Verb *be* wissen Sie, dass es für die dritte Person *(he/she/it)* eine besondere Form gibt *(is)*.
- Das Verb *have* ist ähnlich. Nach *he/she/it* heißt es nicht *have*, sondern *has*.

WICHTIGE REDEWENDUNGEN

Oh dear. – *Oh wie schade.*
Oh good. – *Gut!*
It's fine. – *Es ist gut so.*
A cat called Samson. – *Eine Katze namens Samson.*

ÜBUNGEN

1 Kreuzworträtsel
across (waagerecht)

4 I'm here _ _ _ _ my husband.
6 Oxford is _ _ _ _ _ 90 kilometres northwest of London.
7 Their cabin is next _ _ our cabin.
9 Her husband is _ _ _ _ France. He's French.
11 That's a funny name _ _ _ a cat.
13 There are good pubs, and there's a good skittles club, _ _ _.
14 We're from a place _ _ _ _ London.
15 That's interesting. But what _ _ _ _ can you tell me?
16 _ _ _, two, three

down (senkrecht)

1 Their cabin is _ _ _ _ to our cabin.
2 She lost her husband not long _ _ _.
3 There aren't a _ _ _ of good shops.
4 _ _ _ _ _ are you from? – Germany.
5 This is my daughter. _ _ _ name is Sally.
6 Are you from Munich? – Yes, I _ _.
8 Ashford is southeast _ _ London.
10 My husband is _ _ _ _ there in the bar.
12 _ _ _, two, three

2 *have* oder *has*?

1 This music group _____ a funny name.

2 We _____ some relatives in Canada.

3 The club _____ 26 members altogether.

4 There's a hotel in the village, and it _____ a very good restaurant.

5 A lot of the towns _____ some beautiful old buildings.

6 Oxford _____ about 35 colleges.

7 Our son and daughter-in-law _____ five children.

8 Our class _____ a teacher from England.

9 A married man _____ a wife. Married women _____ a husband.

3 **Ordnen Sie die Sätze so, dass sich daraus ein Gespräch ergibt. Schreiben Sie die Ziffern 1–6 in die Kästchen.**

☐ Yes, it is. My sister isn't very well just now.	☐ Oh really? Where in Canada?
☐ Near Vancouver.	☐ Oh lovely. That's a beautiful city.
1 I have some relatives in Canada.	☐ Oh dear! I'm sorry.

4 **Ordnen Sie die Begriffe in die richtige Gruppe ein.**

wife girl children boy husband couple	man	woman	people
	_____	_____	_____
	_____	_____	_____

5 **Wissen Sie noch, wie es hieß?**

1 Er ist verheiratet und hat zwei Kinder. _____

2 Sie ist geschieden. _____

3 Wie alt sind Ihre Enkelkinder? _____

4 Meine Enkeltöchter sind fünf und drei. _____

EXCUSE ME, WHAT TIME IS IT, PLEASE?

PRESENTATION

🎧 **1a Das Schiff macht Halt in Tanger.**

Ann	Excuse me, what time is it, please?
Man	It's 10 o'clock.
Ann	And when will we be in Tangier?
Man	In one hour, at 11 o'clock.

> **ZUSATZWORTSCHATZ**
>
> What is the time? – *Wie spät ist es?*

🎧 **2a Ann will wissen, wie lange die Passagiere in Tanger bleiben können.**

Ann	And when will the ship leave again?
Man	At half past seven.
Ann	So how long will we have there?
Man	Eight and a half hours.

> **ZUSATZWORTSCHATZ**
>
> arrive – *ankommen*   train – *Zug*
> plane – *Flugzeug*

PRACTICE

1b *A* ist Reisende/r, *B* ist Reiseleiter/in.

A Excuse me. What time is it, please?
B It's *(six)* o'clock.
A And when will we be in *(London)*?
B In one hour, at *(seven)* o'clock.

6.00 – London • 8.00 – Berlin •
11.00 – New York • 3.00 – Rome •
7.00 – San Francisco • 9.00 – Washington

2b Üben Sie die Uhrzeit mit *half past.*

A When will *(the plane leave Rome)*, please?
B At half past *(ten)*.
A Thank you.

plane leave Rome – 10.30 •
coach arrive in Berlin – 12.30 •
plane arrive in New York – 3.30 •
train leave London – 7.30 •
plane leave San Francisco – 11.30 •
train arrive in Washington – 1.30

🎧 3a Ann will wissen, wann das Abendessen sein wird.

Ann   What time will dinner be this evening?

Man   At eight instead of half past seven. There will be an announcement in 15 minutes, at quarter past ten. The next announcement will be at quarter to eleven.

ZUSATZWORTSCHATZ

breakfast – *Frühstück*   lunch – *Mittagessen*

🎧 4 Hören Sie nun den gesamten Dialog.

3b Üben Sie jetzt die Viertelstunden.

A When will *(breakfast)* be, please?

B At quarter *(past seven)*.
    And the coach will leave an hour later.

A At quarter *(past eight)*?

B Yes, that's right.

breakfast – 7.15 • lunch – 1.15 • coffee – 3.15 •
dinner – 7.15 • breakfast – 7.45 •
lunch – 12.45 • tea – 3.45 • dinner – 6.45

half past seven   half past eight
(halb acht)   (halb neun)

INFORMATIONEN & TIPPS

„halb eins" – „drei Viertel eins"

Oft sind Engländer und Deutsche eine Stunde zu spät oder eine Stunde zu früh zu einer Verabredung gekommen, weil sie die Uhrzeiten durcheinander gebracht haben.

„Halb eins" (12.30 Uhr) heißt im Englischen *half past twelve*, nicht *half past one*. *Half past one* ist „halb zwei" (13.30 Uhr).

Für „drei Viertel eins" gibt es im Englischen keine direkte Entsprechung. Für „Viertel vor eins" und „drei Viertel eins" gibt es nur den einen Ausdruck *(a) quarter to one.*

am und *pm*

Der Tag hat auch in Großbritannien und den USA 24 Stunden. Zur Zeitangabe werden aber – außer in Fahrplänen usw. – nur die Ziffern 1 bis 12 gebraucht. „Wir werden uns um 19.00 Uhr treffen" heißt z. B. *We will meet at 7 o'clock.* Natürlich kann *7 o'clock* auch „sieben Uhr morgens" heißen. Normalerweise wird aber aus

dem Situationszusammenhang klar, ob morgens oder abends gemeint ist. Zur Not kann man noch *in the morning* oder *in the evening* hinzufügen, um Missverständnisse zu vermeiden. In Prospekten, Zeitungen und anderen schriftlichen Texten findet man Abkürzungen wie *7 am* und *7 pm.* In einer Hotelinformation könnte z. B. stehen, dass das Frühstück um *7.30 am* und das Abendessen um *7.30 pm* serviert wird. Es besteht natürlich kein Zweifel, dass das Frühstück morgens und das Abendessen abends gegessen wird. Daraus wird also klar, was es mit den beiden Abkürzungen auf sich hat. (Beide kommen übrigens aus dem Lateinischen.) Die Abkürzung *am* steht für ante meridiem und bedeutet „vor Mittag"; *pm* steht für post meridiem und bedeutet „nach Mittag".

⚠ *am* und *pm* können nicht zusammen mit *o'clock* gebraucht werden: *at 6 o'clock am* ist z. B. falsch. Richtig muss es *at six o'clock* oder *at six am* heißen.

GRAMMATIK

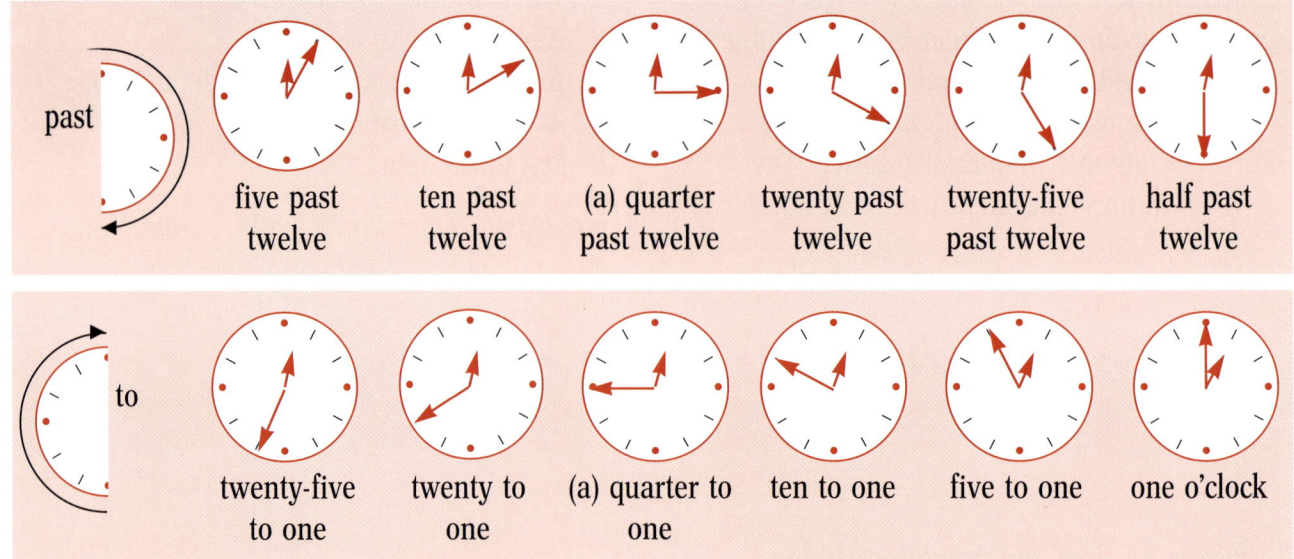

past						
	five past twelve	ten past twelve	(a) quarter past twelve	twenty past twelve	twenty-five past twelve	half past twelve

to						
	twenty-five to one	twenty to one	(a) quarter to one	ten to one	five to one	one o'clock

When **will** I/we see you?
He/She **will** arrive at 6 o'clock.
There **will** be an announcement at 5.30.
You/They **will** meet Ann later.

- *will* ist für alle Personen gleich. Es bedeutet „werden". Mit *will* sprechen wir über die Zukunft.

🎧 WICHTIGE REDEWENDUNGEN

What time is it? / What is the time? – *Wie spät ist es?*
What time/When will dinner be? – *Um wieviel Uhr/Wann wird das Abendessen sein?*
Dinner is at 8 o'clock. – *Das Abendessen ist um 8.00 Uhr.*
Lunch is in one hour/in ten minutes. – *Das Mittagessen ist in einer Stunde/in zehn Minuten.*
How long will we have in Tangier? – *Wie lange werden wir in Tanger haben?*

ÜBUNGEN

1 Wie spät ist es?

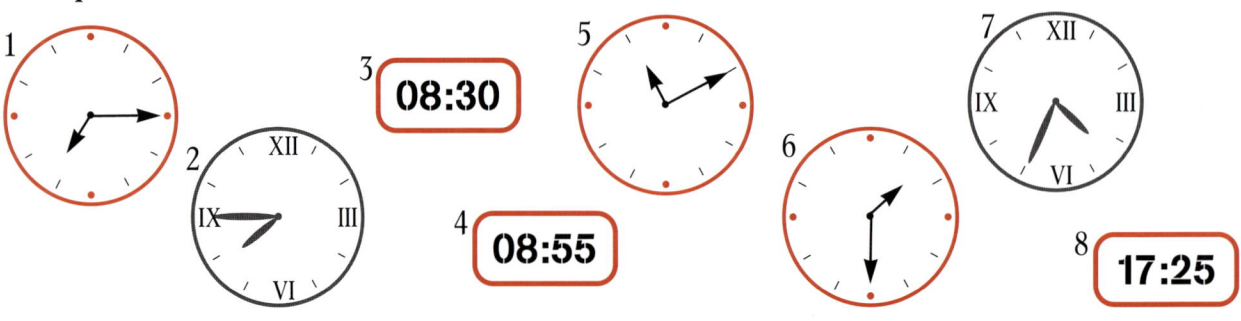

2 Schreiben Sie die passenden Fragen mit When will ...? und What time will ...?

> Breakfast will be at 7.45 am, and the coach to Oxford will leave at 8.30 am.
> We will arrive there at 10 am. You will have time to visit some of the colleges.
> We will meet again at 1 pm. Lunch will be at 1.30 pm in a nice old Oxford pub.

1 *When will* breakfast *be*? – At 7.45.

2 What time _____ the coach to Oxford _____? – At 8.30.

3 When _____ we _____ there? – At 10 am.

4 What time _____ we _____ again? – At 1 pm.

5 When _____ lunch _____? – At 1.30 pm.

3 Bringen Sie die Begriffe in eine logische Reihenfolge.

1 breakfast, dinner, lunch, tea   *breakfast,* _____

2 half past two, twenty-five to three, twenty-five past two, half past three

   twenty-five past two, _____

   _____

3 very beautiful, lovely, awful, OK   *awful,* _____

4 Ordnen Sie die Wörter so, dass sich Sätze ergeben.

1 next/plane/The/at/six/o'clock/is   _____.

2 time/it/is/What   _____?

3 next/is/the/train/When   _____?

4 long/we/have/How/in/London/will   _____?

5 Wissen Sie noch, wie es hieß?

1 Entschuldigen Sie. Wie spät ist es?   _____

2 Wann wird das Schiff wieder fahren? – Um halb acht. _____

   _____

3 Also wie viel Zeit werden wir dort haben? – Achteinhalb Stunden._____

   _____

4 Um wieviel Uhr wird das Abendessen heute abend sein?

   _____

UNIT **15** REVISION

1 Wortschatz

Arbeiten Sie mit einem anderen Kursmitglied. Ergänzen Sie die Tabelle mit jeweils zwei passenden Begriffen.

Verkehrsmittel	Mahlzeiten	Tiere	Kinder	Gebäude
coach	*lunch*	*animal*	*children*	*museum*
_____	_____	_____	_____	_____
_____	_____	_____	_____	_____

2 Wortschatz

Mit Ihrem Partner/Ihrer Partnerin ordnen Sie die Begriffe den Zeichnungen zu.

shop – cinema – theatre – house – swimming pool – church – hotel – pub – night club – restaurant

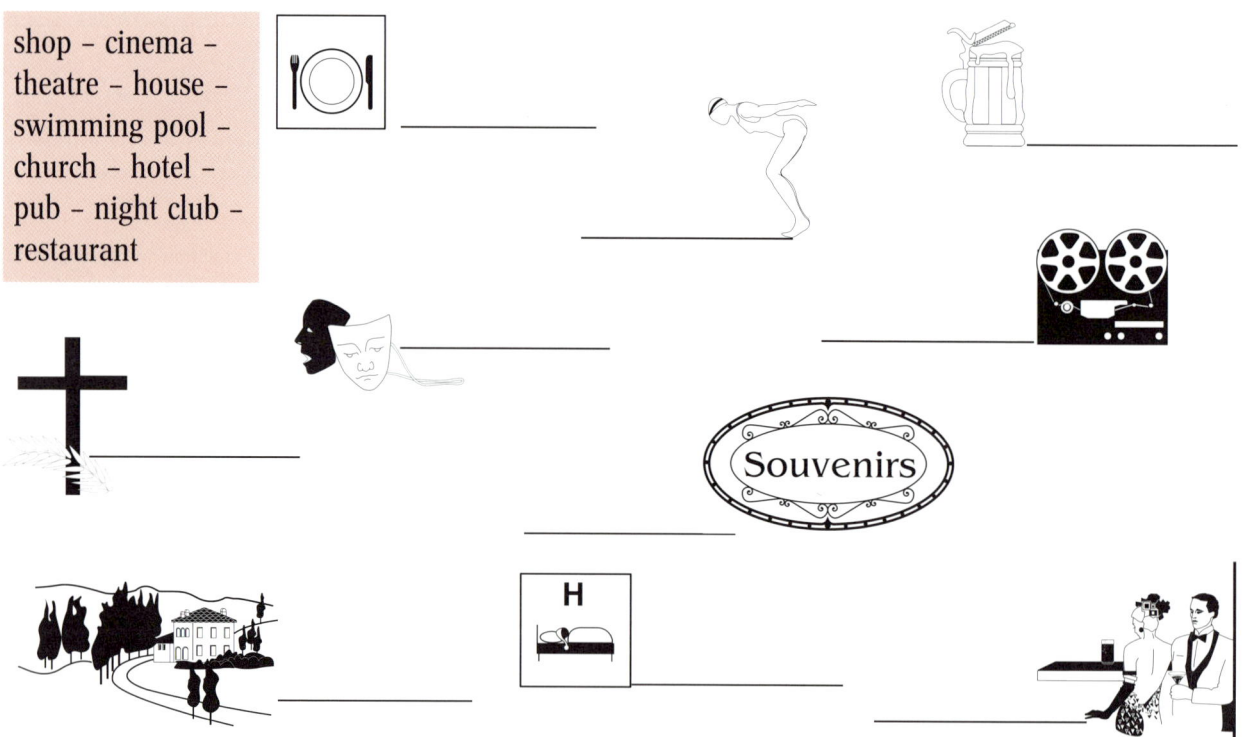

3 Redewendungen: Einladungen

a Erfinden Sie mit Ihrem Partner/Ihrer Partnerin eine neue Heimatstadt. Wählen Sie aus Übung 2 sechs Gebäude/Einrichtungen, die es in Ihrer Fantasiestadt gibt. Schreiben Sie sie auf.

b Eine/r aus jedem Paar „besucht" (mit der Liste) ein anderes Paar und fragt nach den Gebäuden/
   Einrichtungen auf seiner/ihrer Liste.

   Gast   Is there a *(swimming pool)* here?
   Gastgeber/in   Yes, there is. / No, there isn't.
   Gast   *(Tell me about it, please.)*
   Gastgeber/in   *(Well, it's very modern.)*

4 Grammatik

Ordnen Sie zu.

1 I have a son.   a Yes, there is. Da Mario in Market Street.
2 Can I have some water, please?   b Yes, there are. Jack and Kate Warner from Chicago.
3 Is there an Italian restaurant near here?   c At about 7 o'clock.
4 Are there any nice pubs here?   d He's married and has two children.
5 Are there any Americans here?   e Yes, of course. Here you are.
6 When will the coach leave?   f No, there aren't, I'm afraid. But there's one in the
                                                  next village.

5 Die Uhrzeit

Bilden Sie zwei Gruppen. Gruppe A beginnt. Ein
Kursmitglied nennt eine Uhrzeit (nur volle Stunden!).
Ein zweites gibt eine Minutenzahl zwischen 5 und 55
an (nur in 5-er Schritten!). Ein drittes ernennt eine
Person aus Gruppe B. Dieses Kursmitglied muß die
neue Uhrzeit sagen. Wenn die Uhrzeit richtig gesagt
wird, ist Gruppe B dran.

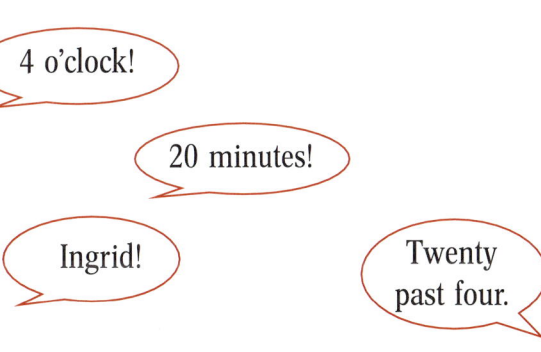

6 Rückblick

In Units 11–14 haben Sie unter anderem gelernt, wie man …

… jemanden nach seiner Heimatstadt fragt.	*Tell me about (Oxford). What is there to do and see? – There's …*
… Einladungen ausspricht.	*Would you like to (see some photos)?*
… darauf antwortet.	*Yes, please. / No, thank you. Later perhaps.*
… über seine Familien/Freunde erzählt.	*I have a (daughter). (She has two children.)*
… nach der Uhrzeit fragt.	*What time is it, please? – It's (half past seven).*

IT'S LOVELY TO GET UP LATE!

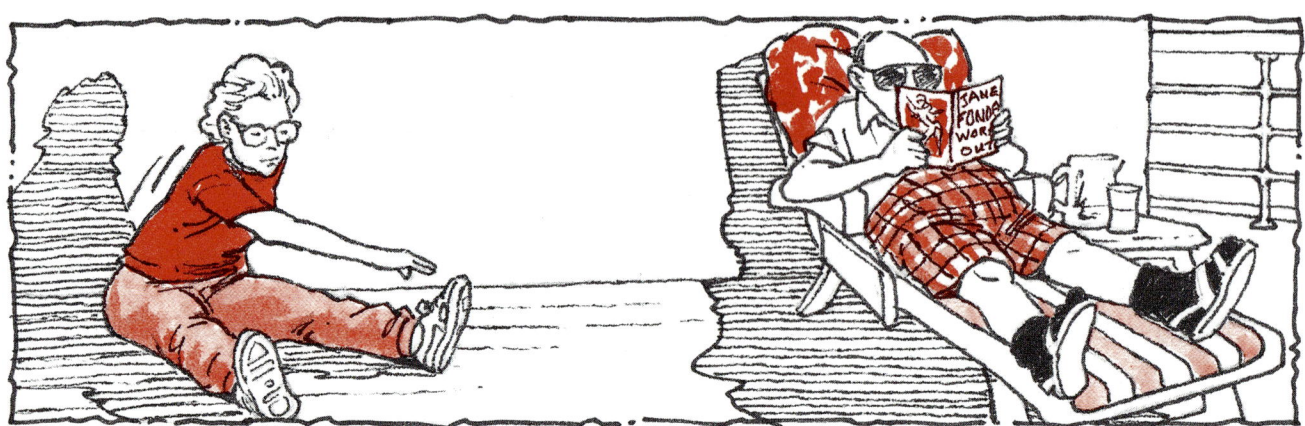

PRESENTATION

🎧 **1a Ann und Inge erzählen von ihrem Tag.**

Ann   It's lovely to get up late! I usually get up at seven o'clock. What about you?

Inge   I usually get up at six. I start work at half past seven.

Ann   That's early.

> **ZUSATZWORTSCHATZ**
>
> have breakfast – *frühstücken*
> have lunch – *zu Mittag essen*
> have dinner/supper – *zu Abend essen*
>
> finish work – *aufhören zu arbeiten*
> go to bed – *ins Bett gehen*

🎧 **2a Inge erzählt, dass sie Teilzeit arbeitet.**

Inge   I work on Monday, Tuesday and Thursday.

Ann   Oh, you work part-time.

Inge   Yes, that's right. What about you?

Ann   I work full-time.

> **ZUSATZWORTSCHATZ**
>
> I'm retired. – *Ich bin im Ruhestand.*
> I'm a housewife. – *Ich bin Hausfrau.*
> Wednesday – *Mittwoch*   Saturday – *Samstag*
> Friday – *Freitag*   Sunday – *Sonntag*

PRACTICE

1b Berichten Sie von Ihrem Tagesablauf.

A I usually *(get up)* at ... What about you?

B I usually *(get up)* at ...

get up • have breakfast • start work • have lunch • finish work • go to bed

2b Sind Sie berufstätig?

A *(I'm retired.)* What about you?

B *(I work part-time.)*
    (I work full-time. I'm a housewife.)

2c Berichten Sie von Ihrem Samstag.

A On Saturday I usually *(get up)* at ... What about you?

B On Saturday I usually *(get up)* at ...

get up • have breakfast • have lunch • have supper • go to bed

🎧 **3a Ann und Inge erzählen, was sie in ihrer Freizeit machen.**

Inge   What about your free time?

Ann   Well, in the evening I often watch TV or read. But on Tuesday I always go to a gymnastics class.

Inge   And I always go to my English class.

Ann   On Tuesday?

Inge   Yes, and on Thursday I often meet friends.

Ann   I sometimes have lunch with friends on Sunday.

ZUSATZWORTSCHATZ

never – *nie*
I listen to music/the radio. – *Ich höre Musik/Radio.*
I work in the garden. – *Ich arbeite im Garten.*

🎧 **4 Hören Sie nun den gesamten Dialog.**

3b Erzählen Sie, was Sie in Ihrer Freizeit machen.

A   What about your free time?

B   In the evening I …
On *(Saturday)* I …
I sometimes/often/usually/always …

work in the garden • go to my … club/class • visit/meet … • go for a drink/meal • have lunch/dinner with • go to the cinema/theatre • go shopping • watch TV/read • listen to music/the radio

INFORMATIONEN & TIPPS

Berufsangaben

Für Berufe wie „Lehrer/in" (= *teacher*), „Arzt/Ärztin" (= *doctor*), „Verkäufer/in" (= *shop assistant)* und viele andere Berufe gibt es im Englischen eine direkte Entsprechung. Manche deutsche Berufsbezeichnungen, z. B. „Sachbearbeiter/in" oder „kaufmännische/r Angestellte/r", sind aber schwer ins Englische zu übertragen. D. h. es wird nicht immer leicht sein, für Ihren Beruf bzw. die Berufe Ihrer Kinder oder Enkelkinder eine englische Entsprechung zu finden.
⚠ Im Englischen wird *a/an* mit Berufsbezeichnungen gebraucht: z. B. *My daughter is a teacher* (= Meine Tochter ist Lehrerin).

Arbeitszeiten

In Großbritannien beginnt der Arbeitstag in der Regel später als bei uns. Er beginnt normalerweise gegen neun und endet gegen fünf. Insgesamt ist der Tagesablauf in Großbritannien etwas nach hinten verschoben. Schulen beginnen um 9.00 Uhr, nicht um 8.00. Die Mahlzeiten sind meistens entsprechend später als bei uns. Übrigens: Für eine Mahlzeit, das Abendessen, gibt es im Englischen zwei Wörter, *supper* und *dinner. Supper* bezeichnet ein leichteres oder alltägliches Abendessen. *Dinner* (wie in dem Fernsehsketch *Dinner for One*) ist die Bezeichnung für ein umfangreicheres oder festliches Abendessen.

GRAMMATIK

I get up at six.
I work part-time.
I watch TV.

I **always/never** get up late.
Ich stehe immer/nie spät auf.
I **usually/often/sometimes** get up late.
Ich stehe gewöhnlich/oft/manchmal spät auf.

I go to a gymnastics class **on Tuesday**.
On Tuesday I go to a gymnastics class.
I watch TV **in the evening**.
In the evening I watch TV.
I have supper **at six o'clock**.
At six o'clock I have supper.

- Aussagen über Dinge, die wir regelmäßig tun, werden wie im Deutschen gemacht.

- *always* und *never* stehen in der Satzmitte direkt vor dem Verb. Auch *usually, often* und *sometimes* stehen meist vor dem Verb; sie können aber auch am Satzanfang oder -ende stehen. Keines dieser Wörter kann, wie im Deutschen, nach dem Verb stehen.

- Zeitangaben mit Wochentagen (z. B. *on Tuesday*), mit Tageszeiten (z. B. *in the evening*) und mit Uhrzeiten (z. B. *at six o'clock*) stehen am Satzanfang oder Satzende.

🎧 WICHTIGE REDEWENDUNGEN

It's lovely to get up late. – *Es ist schön, spät aufzustehen.*
I start work at eight o'clock. – *Ich fange um acht Uhr an zu arbeiten.*
I finish work at four o'clock. – *Ich höre um vier Uhr auf zu arbeiten.*
I'm retired/a housewife. – *Ich bin im Ruhestand/Hausfrau.*
I work full-time/part-time. – *Ich arbeite Vollzeit/Teilzeit.*
I go to an English class. – *Ich besuche einen Englischkurs.*
What about you? – *Was ist mit Ihnen? / Wie ist es mit Ihnen?*

ÜBUNGEN

1 Ann's day. Ergänzen Sie den Text mit den Ausdrücken im Kasten.

leave the house – work – read – get up – finish work – start work – watch TV – have supper – have breakfast – go shopping – go – have lunch

I _____ at seven o'clock. Then I _____ – cornflakes, toast and

tea. I _____ at half past eight and _____ at nine. I

_____ full-time. I _____ at one o'clock in our canteen, and I _____ at half past four. I often _____ – there's a shop near my house. I _____ at six or half past six – it's usually a hot meal. In the evening I _____ or I _____. But on Tuesday I _____ to a gymnastics class.

**2 Was kann man in einer interessanten Stadt alles machen?
    Ergänzen Sie diese Ausdrücke mit *go*.**

You can …

… go _____ _____ drink.

… go _____ _____ meal.

… go shop_____.

… go _____ _____ theatre.

… go to the _____.

… go _____ _____ late and tired!

**3 Setzen Sie das Wort an die Stelle, an der es normalerweise steht. Manchmal ist mehr als eine
    Lösung richtig.**

1 I listen to the radio. (sometimes) I sometimes listen to the radio.

2 I have coffee and toast. (in the morning) _____

3 I have lunch in town. (always) _____

4 I go to my choir. (on Friday) _____

5 I finish work. (at four o'clock) _____

6 I go to bed late. (usually) _____

7 I watch TV. (often) _____

8 I get up early. (never) _____

4 Schreiben Sie die Wochentage.

1 S _ _ _ R _ A _

2 S _ _ _ A _

3 _ _ _ S _ A _

4 _ _ _ R S _ A _

5 _ R _ _ A _

6 _ _ _ _ _ S _ A _

7 _ _ _ _ A _

June

19 Monday

20 Tuesday

21 Wednesday

22 Thursday

23 Friday

24 Saturday

25 Sunday

I DON'T OFTEN EAT A BIG BREAKFAST.

PRESENTATION

🎧 **1a** **Ann freut sich über die Zeit, die sie im Urlaub hat.**

Ann I don't often eat a big breakfast.
I don't usually have time when I'm at home! What about you?

Inge I don't have a big lunch.
But I always have a good breakfast.

PRACTICE

1b **Erzählen Sie, was Sie gewöhnlich <u>nicht</u> machen.**

A I don't *(usually/often)* … What about you?
B I …

> *get up early/late on Sunday ·*
> *have a big breakfast/lunch/supper ·*
> *go to bed early/late · visit my sister ·*
> *read/listen to the radio in bed · go to the*
> *theatre/cinema · go shopping on Monday*
> *watch TV in the morning*

2a Ann beschreibt das englische Frühstück.

Ann   In Britain we don't usually eat cheese and cold sausage for breakfast.

Inge   And people don't drink coffee, only tea. Is that right?

Ann   Well, some people have tea, some have coffee. But it's often instant coffee.

ZUSATZWORTSCHATZ

ham – *Schinken*	muesli – *Müsli*
bacon and eggs –	cornflakes –
Speck und Eier	*Cornflakes*
roll – *Brötchen*	fruit – *Obst*
jam – *Marmelade*	fish – *Fisch*

2b Erzählen Sie, was Sie frühstücken.

A   I usually have ... for breakfast. What about you?

B   I have/don't have ...

2c Sagen Sie, was die Leute hier bei uns <u>nicht</u> zum Frühstück essen und trinken.

We They People	don't	usually often	eat drink have	...

3a Und das Abendessen?

Inge   What about supper?

Ann   Well, supper is often a hot meal.

Inge   You mean people don't have bread and cheese and sausage?

Ann   Not usually.

Inge   That's our normal supper. And Bruno has a bottle of beer.

Ann   People don't usually drink beer with their supper in Britain. I don't like beer much. But I like wine.

4   Hören Sie nun den gesamten Dialog.

3b Sagen Sie, welche der genannten Speisen und Getränke Sie mögen, welche nicht.

A   I like *(beer)*. / I don't like *(beer)* much. What about you?

B   ...

INFORMATIONEN & TIPPS

breakfast

Das traditionelle englische Frühstück besteht aus: Müsli oder Cornflakes; Schinkenspeck und Eier; Toast und Butter mit Orangenmarmelade. Heutzutage begnügt man sich meist mit dem ersten und/oder dritten Gang.

Übrigens: Zum Toast und zur (meist gesalzenen) Butter gibt es *marmalade. Marmalade* ist immer aus Zitrusfrüchten hergestellt (Orangen, Zitronen, Grapefruit); andere Marmeladen heißen *jam.*

GRAMMATIK

I'm German. **I'm not** Austrian.
You're young. **You aren't** old.
We're early. **We aren't** late.
They're new. **They aren't** old.

- *am* und *are*, d. h die Teile des Verbs *be*, werden verneint, indem wir das Wort *not* dahinter setzen oder die Kurzform *n't* anhängen.

I like wine. I **don't** like beer.
You work part-time. You **don't** work full-time.
We read. We **don't** watch TV.
They speak English. They **don't** speak French.

- Verben außer *be* werden verneint, indem wir das Wort *don't* vor das Verb stellen. *don't* ist die Kurzform von *do not*.

I **often** drink tea for breakfast.
I don't **often** drink coffee.

- Zeitbestimmungen wie *always, usually, often, sometimes* stehen vor dem Hauptverb, d. h. in verneinten Sätzen nach *don't*.

🎧 WICHTIGE REDEWENDUNGEN

I don't have a big breakfast. – *Ich frühstücke nicht viel.*
I don't have a big lunch/supper. – *Ich esse nicht viel zu Mittag/Abend.*
I don't have time. – *Ich habe keine Zeit.*
Not usually. – *Gewöhnlich nicht.*
I like wine. – *Ich mag/trinke gern Wein.*
I don't like beer. – *Ich mag kein Bier.*

ÜBUNGEN

1 *Ann's Saturday and Sunday.* **Ergänzen Sie den Text mit** *don't* **und den Ausdrücken im Kasten.**

get up – go – go to – go shopping – have – like – visit – ~~work~~

I *don't work* on Saturday, so I _____ very early. I have a late breakfast, but I

_____ a big breakfast – only cornflakes, toast and tea. I _____

on Saturday morning – the shops are always full. I usually go in the afternoon.

I _____ the theatre very often, but I sometimes go on Saturday evening. On Sunday

I sometimes visit friends, or they visit me. I _____ my relatives very often – they're

too far from Oxford. Well, I have a cousin in London, that's not very far, but I _____

his wife very much so I _____ there very often.

2 Ordnen Sie zu und entscheiden Sie, ob das Verb in der Klammer mit oder ohne *don't* stehen muss.

1 I often listen to the radio,

2 We don't arrive in the evening.

3 They live in London.

4 I speak English.

5 I start work late,

6 I like the theatre,

7 We get up early on Saturday,

8 I always drink tea for breakfast.

☐	a They (live) _____ in the USA.
☐	b I (speak) _____ Spanish, too.
☐	c but we (get up) _____ late on Sunday.
1	d but I (watch) *don't watch* TV.
☐	e I (like) _____ coffee with my breakfast.
☐	f and I (finish) _____ late, too.
☐	g We (arrive) _____ in the afternoon.
☐	h but I (like) _____ the cinema much.

3 Kann das Wort an der mit ✗ gekennzeichneten Stelle stehen?

			Yes	No
1	often	We ✗ have lunch with friends on Sunday.	☐	☐
2	often	We don't visit ✗ our relatives.	☐	☐
3	usually	I don't get up ✗ early.	☐	☐
4	usually	In the evening I ✗ watch TV.	☐	☐
5	sometimes	I ✗ have an egg for breakfast.	☐	☐
6	sometimes	We have ✗ a bottle of wine in the evening.	☐	☐
7	always	✗ I go shopping on Friday.	☐	☐
8	always	We don't ✗ go to Spain.	☐	☐

4 Ordnen Sie zu.

You can eat ...

an egg.

_____

_____

_____

_____

You can have ...

a cold lunch instant coffee some fruit juice cold milk a bottle of wine some sausage an egg a hot meal

You can drink ...

instant coffee.

_____

_____

_____

_____

PRESENTATION

🎧 **1a Inge fragt nach Anns Sohn.**

Inge Tell me about your son.

Ann Well, he lives in Ebersberg and works in Munich. He works a lot. But at the weekend he does a lot of sport.
In the summer he goes wind-surfing on the Chiemsee. In the autumn he goes hiking in the mountains. And in the winter and in spring he goes skiing.
His wife likes music. She sings in a choir. They sometimes go to concerts in Munich.

Inge Bavaria is a nice place to live.

PRACTICE

1b Was wissen Sie noch von den anderen Kursmitgliedern?

(Ingrid gets up late on Sunday.)
(Alfons works full-time.)
(Karin's son lives in Berlin.)

> *get up • work • live •*
> *read • meet • like • eat •*
> *drink • sing • visit • watch • listen to •*
> *do sport • go hiking • go skiing • go*
> *shopping • come to the English class •*
> *go to the theatre*

🎧 2a Inge erzählt von einem typischen Sonntag.

Ann And Euskirchen?

Inge Well you can go hiking, or sometimes skiing in the Eifel.
But Euskirchen isn't Munich.

Ann What is a typical Sunday for you?

Inge Well, in the winter Sunday is quiet. I get up late and have breakfast with Bruno. Then perhaps I read the weekend newspaper. I go to church. Then I cook lunch and perhaps make a cake.
After lunch I often go for a walk with Bruno and the dog. Then I phone or write a letter to my daughter.
In the evening we often watch TV. But in the summer it's different.

2b Sagen sie, was Inge am Sonntag macht.

A She gets up late and ...

2c Jetzt fragen Sie Ihre Nachbarin/Ihren Nachbarn.

A What is a typical Sunday for you?

B I ...

2d Nun berichten Sie der Klasse, was Ihr/e Nachbar/in gesagt hat.

A *(Ingrid gets up early ...)*

🎧 3 Hören Sie nun den gesamten Dialog.

INFORMATIONEN & TIPPS

Sonntag

Sonntag ist in den englischsprachigen Ländern nicht so ein ruhiger Tag wie bei uns. In Großbritannien z. B. haben etliche Geschäfte geöffnet und man kann einkaufen gehen. In den Wohnsiedlungen werden Autos vor dem Haus gewaschen; im Sommer knattern die Rasenmäher in den Gärten.

Zur festen Sonntagsroutine gehört für manche Briten das Zeitunglesen. Die Zeitungsverlage drucken am Sonntag besonders dicke Ausgaben (zusätzlich zu den Ausgaben, die am Samstag erscheinen).

Zum Sonntag gehört natürlich auch – allerdings für einen immer kleiner werdenden Bevölkerungsteil – der Kirchgang. Die meisten Gläubigen sind Mitglieder in der anglikanischen Staatskirche. Die Riten der anglikanischen Kirche ähneln denen der katholischen Kirche. Die Glaubensrichtung ist aber protestantisch. Neben den westlich orientierten Glaubensgemeinschaften gibt es aber auch eine beträchtliche Anzahl von Moslems. In den USA, wo noch ein recht hoher Bevölkerungsanteil regelmäßig zur Kirche geht, gibt es eine Vielzahl unterschiedlichster Glaubensgemeinschaften.

⚠️ „in die Kirche gehen" heißt auf Englisch *go to church* (nicht *go to the church*). Ähnlich sind die Ausdrücke *go to bed* und *go to school* (= in die Schule gehen).

GRAMMATIK

I work part-time. He/She works full-time.
You live in He/She lives in
 Germany. England.
We like music. He/She likes music, too.

- *he, she, it* – das „s" muss mit!

I go he/she goes
I do he/she does

I finish he/she finishes
I watch he/she watches

- Den Verben *go* und *do*, sowie allen Verben, die auf -*s*, -*sh* oder -*ch* enden, wird -*es* statt -*s* angehängt.

In the summer we go to Spain.
She goes hiking **in the autumn**.
At the weekend I get up late.

- Zeitbestimmungen wie *in the summer* und *at the weekend* stehen am Satzanfang oder Satzende.

🎧 WICHTIGE REDEWENDUNGEN

Tell me about your son. – *Erzählen Sie mir von Ihrem Sohn.*
Bavaria is a nice place to live. – *In Bayern kann man gut leben.*
After lunch I go for a walk. – *Nach dem Mittagessen gehe ich spazieren.*
I write a letter to my daughter. – *Ich schreibe einen Brief an meine Tochter.*
In the summer it's different. – *Im Sommer ist es anders.*

ÜBUNGEN

1 Ergänzen Sie.

	Ann's son	Inge's daughter
live	Germany	United States
work	Munich	Boston
go hiking	yes	no
go to concerts	yes	yes
cook	yes	no
watch TV	no	yes

Ann's son *lives* in Germany. He

_____ in Munich.

In his free time he _____

_____ and he _____

_____. He _____, too. His wife likes that.

Inge's daughter _____ in the United States.

She _____ in Boston. In her free time she _____ and

_____.

2 Berichten Sie, was in der Sprechblase steht.

She gets up at 7.00. Then she …

I get up at 7.00. Then I have breakfast. I leave the house at 8.30 and start work at 9.00. I work full-time. I finish work at 4.30.

_____

_____

_____

Wissen Sie noch, wer die Person ist?

3 Ordnen Sie zu und ergänzen Sie die richtige Form des Verbs (mit oder ohne -s).

1 We (live) _____ in Museum Street.

2 Ann's daughter-in-law (sing) _____ .

3 Ann and Inge (speak) _____ English.

4 Ann (work) _____ full-time.

5 My husband and I (like) _____ Spain.

a Her husband (do) _____ a lot of sport.

b She (work) _____ in Oxford.

c We often (go) _____ there in the spring.

d Our friends (live) _____ in Museum Street, too.

e They both (speak) _____ German, too.

4 Was ist richtig?

1 She writes a letter ~~at~~/to her son.

2 We go shopping *after lunch/after the lunch.*

3 *At/On* Monday I go to my English class.

4 She goes skiing *on/in* the winter.

5 They go *to bed/to the bed* late.

6 Inge goes *in/to* church on Sunday.

7 *In/At* the afternoon I perhaps make a cake.

8 We sometimes *make/go for* a walk.

5 Wissen Sie noch, wie es hieß?

1 Er wohnt in Ebersberg und arbeitet in München. _____

2 Am Wochenende treibt er viel Sport. _____

3 Seine Frau mag Musik. _____

4 Dann lese ich vielleicht die Wochenendzeitung. _____

5 In Bayern kann man gut leben. _____

WHAT'S THE WEATHER LIKE IN MADEIRA?

PRESENTATION

🎧 **1a Das Schiff legt morgen in Madeira an.**

Ann   The ship stops in Madeira tomorrow.
Inge Yes. It's a lovely place.
Ann   Oh, you know it?
Inge Yes. Every year in the winter we have a holiday in the sun. Bruno doesn't like the winter. He doesn't like the cold. He likes the summer best.
Ann   I don't mind the cold. But I don't like the heat.

PRACTICE

1b Erzählen Sie Ihrer Nachbarin/Ihrem Nachbarn, was Sie (nicht) mögen.

A   I like/don't like the autumn/winter.
I like the ... best.
I don't like/don't mind the heat/cold.
I usually have/don't usually have a holiday in the spring/...

1c Die Klasse versucht zu raten, was Ihr/e Nachbar/in gesagt hat.

C   *(Ingrid doesn't like the winter.)*
D   *(She likes the summer best.)*
E   *(She doesn't like the cold.)*
F   *(She doesn't usually have a holiday in the summer.)*

Nun berichten Sie der Klasse, was Ihr/e Nachbar/in wirklich gesagt hat.

B   *(Ingrid ...)*

2a Inge erzählt über Madeiras Klima.

Ann	What's the climate like in Madeira?
Inge	It doesn't get too hot. It doesn't get too cold. It doesn't snow.
Ann	What about rain?
Inge	It rains. But it doesn't rain too much. It's nice and warm.

2b Wie ist das Klima woanders?

A   What's the climate like *(in Texas)*?
B   In the spring/summer/autumn/winter it ...

... rains/doesn't rain ... snows/doesn't snow	(a lot).	
... gets ... doesn't get	(very) (too)	hot. cold.

in Texas • *in Alaska* • *in London* • *in Rome* • *in Mallorca* • *in north Germany* • *in south Germany* • *where we live*

3a Ann und Inge planen ihren Landgang.

Ann	What shall we do in Funchal?
Inge	Well, there's a very nice market. Shall we go there?
Ann	Yes, that's a nice idea.
Inge	And shall we visit the cathedral?
Ann	I'd rather not, if you don't mind.
Inge	OK, let's go to the market.
Ann	We can buy some souvenirs.
Inge	Bruno wants to buy some Madeira wine.

3b A macht Vorschläge. B nimmt sie an oder lehnt sie ab.

A   Shall we *(go to the market)* now?
B   That's a nice idea. Let's do that. /
    I'd rather not, if you don't mind.

go to the market • *go shopping* • *go to a jazz concert* • *have some tea* • *go for a drink* • *go for an Italian meal* • *go to the cinema* • *watch TV*

4   Hören Sie nun den gesamten Dialog.

INFORMATIONEN & TIPPS

Das Wetter

Das Wetter ist in Großbritannien weit besser als sein Ruf. Es stimmt nicht, dass es dort mehr Regen oder Nebel als in Deutschland gibt. Das Klima ist insgesamt aufgrund der Insellage und der an der Westküste vorbeifließenden warmen Meeresströmung (Golfstrom) milder als bei uns. Haben Sie z. B. gewusst, dass es in Torquay in Südwestengland Palmen und subtropische Pflanzen an der Strandpromenade gibt?

Die Winter sind insgesamt wärmer. Dass jemand extra Winterreifen auf sein Auto aufzieht, ist fast unbekannt. Und viele unterscheiden bei ihrer Kleidung nicht zwischen Sommer- und Winterschuhen. In Schottland ist das allerdings anders – dort kann man auch Wintersport treiben.

GRAMMATIK

I like the summer.	I **don't** like the winter.
Bruno likes the summer.	He **doesn't** like the winter.
Ann wants to buy souvenirs.	She **doesn't** want to go to the cathedral.
It rains.	But it **doesn't** rain much.

- In Unit 17 haben Sie bereits gelernt, dass Verben (außer *be*) verneint werden, indem wir das Wort *don't (= do not)* davor stellen.

- In der dritten Person (nach *he, she, it*) wird *doesn't (= does not)* statt *don't* vor das Verb gesetzt.

⌒ WICHTIGE REDEWENDUNGEN

What's the weather like? – *Wie ist das Wetter?*
He likes the summer best. – *Er mag den Sommer am liebsten.*
I don't mind the cold. – *Mir macht die Kälte nichts aus.*
It's nice and warm. – *Es ist schön warm.*
Shall we go to the cathedral? – *Sollen wir zur Kathedrale gehen?*
Let's go to the market. – *Lasst uns zum Markt gehen.*
That's a nice idea. – *Das ist eine nette/gute Idee.*
I'd rather not, if you don't mind. – *Lieber nicht, wenn es Ihnen nichts ausmacht.*

ÜBUNGEN

	Chris	Monika
work	full-time	part-time
speak	English, German	German, English, Italian
sing in choir	no	yes
do sport	yes	no
go to church	no	yes
like	spring, summer	spring, autumn

**1 Ergänzen Sie mit Verb + s
oder *doesn't* + Verb.**

Chris and Monika live in Bavaria.

Chris _____ full-time, but

Monika _____ full-time. She only _____ part-time.

Chris _____ German and Monika _____ English. She also

_____ Italian, but Chris _____ Italian.

In her free time Monika _____ in a choir. Chris _____ in a choir, but he

_____ a lot of sport. On Sunday she _____ to church. But Chris

_____ to church.

Chris _____ the spring and the summer best. Monika _____ the summer – she

_____ the autumn. But she _____ the spring, too. They both like the spring.

2 Ergänzen Sie mit der richtigen Form des Verbs in Klammern.

Inge Bruno and I (have) *have* a holiday in the sun every winter. I (not/mind) *don't mind* the cold,

but Bruno (not/like) _____ it much. We often (go) _____

to Spain. We (not/have) _____ a holiday in the summer usually, but we

often (go) _____ hiking in Bavaria in the autumn. We (want) _____

to visit our daughter next year. She (live) _____ in the United States. She

(not/come) _____ to Germany very often, so we (not/see) _____

_____ our daughter a lot. She (like) _____ it in the USA. She

(not/want) _____ to leave.

3 Ordnen Sie zu.

1 What's your hotel like? ☐	a It's very cold in the winter.
2 What's that Italian restaurant like? ☐	b They're nice.
3 What's the climate like? ☐	c They're very good. The fish is always very good.
4 What are her friends like? ☐	d It's very good.
5 What are the meals like? ☐	e It's good. They have some very nice wines.

4 *At, in* oder *on*?

1 *in* the afternoon	4 _____ the evening	7 _____ Monday morning
2 *on* Friday evening	5 _____ five to two	8 _____ the weekend
3 *at* six o'clock	6 _____ one hour	9 _____ Wednesday

5 *What* oder *how*?

1 _____ is the climate like?	4 _____ is a typical day for you?
2 _____ old are they?	5 I like Paris. _____ about you?
3 _____ many people are there?	6 _____ are you? – Fine, thanks.

1 Wochentage und Jahreszeiten

a Ein Kursmitglied nennt einen Wochentag. Ein zweites
sagt *Three days later* (oder gibt anstelle von *three* eine
andere Zahl vor). Ein drittes Kursmitglied nennt den neuen Wochentag.

> Tuesday.

> Three days later.

> Friday.

b Wie lauten die Jahreszeiten?

2 Wortschatz: Freizeitbeschäftigungen

Ordnen Sie die Begriffe unten den Zeichnungen zu.

A Number one is "write a letter".

phone
work in the garden
listen to music
make a cake
go shopping
write a letter
go skiing
go to the theatre
go for a walk
read the newspaper
meet friends
cook
go to a restaurant
go to a concert
go hiking

3 Redewendungen und Grammatik: Das Wochenende beschreiben

a Ordnen Sie die Freizeitbeschäftigungen aus Übung 2 in fünf Gruppen ein.

At the weekend				
I always …	I usually …	I often …	I sometimes …	I never …
_____	_____	_____	_____	_____
_____	_____	_____	_____	_____
_____	_____	_____	_____	_____
_____	_____	_____	_____	_____

b Arbeiten Sie mit jemandem zusammen, mit dem Sie sonst nicht zusammensitzen. Unterhalten Sie sich über Ihr Wochenende. Notieren Sie sich in der Tabelle rechts, was Ihr Partner/Ihre Partnerin sagt.

A At the weekend I *(often write a letter)*.
   What about you?
B I *(sometimes write a letter)*.
   I *(never go skiing)*.
   What about you?
A I *(never go skiing)*.

Yes	No
write a letter	*go skiing*

c Berichten Sie der Klasse, was Ihr Partner/Ihre Partnerin gesagt hat.
A This is what *(Ingrid)* does at the weekend.
   (She) (writes a letter), and …, and …
   (She) doesn't *(go skiing)*, and *(she)* doesn't …

4 Rückblick

In Units 16–19 haben Sie unter anderem gelernt, wie man …

… seine berufliche Tätigkeit beschreibt.	*I work full-time/part-time.*
	I'm retired. / I'm a housewife.
… von seinem Tagesablauf erzählt.	*I get up at six. I don't have a big breakfast.*
	I start work at eight o'clock.
… über seine Freizeit spricht.	*In the evening I sometimes watch TV.*
	On Sunday I often visit friends.
… Vorlieben und Abneigungen beschreibt.	*I like wine, but I don't like beer much.*
	I don't mind the hot weather.
… über das Klima spricht.	*It rains/snows a lot in the winter.*
… Vorschläge macht.	*Let's go to the market. – That's a nice idea.*
	Shall we go to the cathedral? – I'd rather not, if you don't mind.

PRESENTATION

🎧 **1a In Funchal kauft Mary Postkarten.**

Inge   Postcards for your family, Mary?

Mary   Yes. One for my grandsons, one for my granddaughters.

Inge   Do you often see your family?

Mary   Yes, I do. They all live nearby.

Inge   That's nice.

Mary   Do you and Bruno often see your daughter?

Inge   No, we don't, I'm afraid. About once a year. Boston is so far away.

ZUSATZWORTSCHATZ

twice a week – *zweimal in der Woche*

three times a month – *dreimal im Monat*

four times a year – *viermal im Jahr*

PRACTICE

1b Wie oft sehen Sie Ihre Familie?

A   Do you often *(see your son)*?

B   Yes, I do. / No, I don't.

A   How often *(do you see your son)*?

B   About …

once twice three times four times … times	a	day week month year

see your son/daughter/children/grandchildren • see your neighbour/teacher • have a holiday • go for a meal • write a letter • make a cake • visit relatives • go to a concert/the theatre

2a Der Ladenbesitzer scheint Mary zu kennen.

Ann   Here's the shopkeeper.

Bruno Prego, Signora Maria?

Ann   Maria? Do you know this man, Mary?

Mary No, I don't. Wait a moment! Yes, I do!

Bruno Olé!

Ann   Bruno!

ZUSATZWORTSCHATZ

I know … quite/very well. – *Ich kenne … ziemlich/sehr gut.*
I don't know … very well. – *Ich kenne … nicht sehr gut.*

2b Welche Städte und Länder kennen Sie?

A Do you know *(Berlin)*?

B Yes, I do. *(I know Berlin quite/very well.)* /
   No, I don't. *(I don't know Berlin very well.)*

*Berlin • Hamburg • Munich • Dresden •
London • Amsterdam • Austria • Switzerland •
the USA • England • France • …*

3a Ob sie hier wohl Englisch und Deutsch sprechen?

Mary "Prego"? That's Italian.

Ann   And "olé" is Spanish.
    We're in part of Portugal, Bruno!

Bruno Yes, but I don't speak Portuguese.

Ann   Do they speak English here?

Inge Yes, they do. I'm sure.

Ann   Do they understand German?

Bruno No, they don't.

3b In einem Laden hängt dieses Schild. Welche Sprachen werden hier gesprochen?

ENGLISH SPOKEN
ON PARLE FRANÇAIS
MAN SPRICHT DEUTSCH

A Do they speak *(English)*?

B Yes, they do. / No, they don't.

*English • Italian • German • Spanish •
French • Dutch*

---

4   Hören Sie nun den gesamten Dialog.

INFORMATIONEN & TIPPS

Do they speak English?

Etwa 350 Millionen Menschen auf der Welt sprechen Englisch als Muttersprache – vor allem in den USA, in Großbritannien, Kanada, Australien, Irland, Neuseeland und Südafrika. Mindestens weitere 100 Millionen gebrauchen Englisch als zweite oder Amtssprache – z. B. in Ländern wie Indien, Pakistan, Bangladesch, den Philippinen, Nigeria und anderen afrikanischen Ländern. Und mindestens weitere 100 Millionen Menschen sprechen Englisch als Fremdsprache. Englisch ist die weltweit wichtigste Sprache im Geschäftsleben, im internationalen Reiseverkehr (besonders in der Luftfahrt), in der Werbung, der Wissenschaft und im Computerwesen. Etwa 80% der in Computern gespeicherten Daten sind auf Englisch. Drei Viertel aller Briefe auf der Welt werden auf Englisch geschrieben.

GRAMMATIK

I speak German.	I **don't** speak Italian.	**Do** I speak French?
You speak German.	You **don't** speak Italian.	**Do** you speak French?
We speak German.	We **don't** speak Italian.	**Do** we speak French?
They speak German.	They **don't** speak Italian.	**Do** they speak French?

- In Unit 17 haben Sie gelernt, dass Aussagen mit *I, you, we* und *they* verneint werden, indem wir das Wort *don't (= do not)* vor das Verb stellen (außer bei dem Verb *be*).
  Fragen werden gebildet, indem wir das Wort *do* vor *I, you, we* und *they* stellen.

Do I know Berlin?	Yes, I **do**.	No, I **don't**.
Do you know Berlin?	Yes, you **do**.	No, you **don't**.
Do we know Berlin?	Yes, we **do**.	No, we **don't**.
Do they know Berlin?	Yes, they **do**.	No, they **don't**.

- In Kurzantworten auf Fragen mit *do* wird *do* wiederholt. Die Kurzantworten lauten:
  - *Yes, ... do.*
  - *No, ... don't.*

🎧 WICHTIGE REDEWENDUNGEN

Do you often see your family? – *Sehen Sie Ihre Familie oft?*
About once a year. – *Etwa einmal im Jahr.*
Twice a year. – *Zweimal im Jahr.*
Three times a month. – *Dreimal im Monat.*
Boston is so far away. – *Boston ist so weit weg.*
Do you speak English? – *Sprechen Sie Englisch?*
Do they understand German? – *Verstehen Sie Deutsch?*
I'm sure. – *Ich bin (mir) sicher.*
Wait a moment! – *Warte mal einen Augenblick! / Warten Sie mal einen Augenblick!*

ÜBUNGEN

1 Bringen Sie die Wörter in die richtige Reihenfolge, so dass sich Fragen ergeben.

1 you/Do/watch/TV – *Do you watch TV?*

2 you/it/every evening/watch/Do – _____?

3 you/late/Do/get/on/Sunday/up – _____?

4 work/Do/full-time/you – _____?

5 Do/like/you/wine/French – _____?

6 have/you/Do/big/a/family – _____?

Beantworten Sie nun die Fragen 1–6 mit *Yes, I do* **oder** *No, I don't.*

1 _____   3 _____   5 _____

2 _____   4 _____   6 _____

2 Ergänzen Sie.

	Land	Sprache			Land	Sprache
1	(GB) Britain	English	4	(USA) United States	_____
2	(A) _____	German	5	(P) Portugal	_____
3	(F) France	_____	6	(E) _____	Spanish

3 Ergänzen Sie die Fragen.

1 How often do they *visit friends*? - *About once a week.*

2 How often do they _____?
   - About three times a year.

3 How often do _____?
   - About two times a week.

4 How often _____?
   - About once a year.

5 How often _____? - About three times a week.

6 How often _____? - About twice a year.

Bruno & Inge	Times a week	Times a year
have a holiday		2
see their daughter		1
visit friends	1	
eat fish	2	
go shopping	3	
go to the theatre		3

4 Bilden Sie Paare.

letter – far away –
I'm sure – understand –
twice – stop

speak – nearby –
once – I don't know –
start – postcard

1 _____ – _____

2 _____ – _____

3 _____ – _____

4 _____ – _____

5 _____ – _____

6 _____ – _____

PRESENTATION

🎧 **1a Ann und Inge unterhalten sich über ihre Kinder.**

Inge	Is this your son and his wife?
Ann	Yes.
Inge	Does he miss England?
Ann	No, he doesn't. He likes it in Bavaria.
Inge	Does his wife speak English?
Ann	Yes, she does. But I'm afraid we don't get on very well.
Inge	Oh dear, I'm sorry. Does that make things very difficult when you see them?
Ann	Yes, it does, I'm afraid. And you? Do you and Bruno get on well with your son-in-law?
Inge	Yes, we do. We're very lucky. Bruno likes Glenn a lot.
Ann	Does Glenn speak German?
Inge	No, he doesn't.
Ann	Well, you and Bruno speak English, so that's no problem. Does your daughter miss Germany?
Inge	No, she doesn't. But I miss her sometimes. She's very happy in America. She wants to stay there.

PRACTICE

1b *Yes, he/she does* **oder** *No, he/she doesn't?*

1 Does Ann's son live in Germany?
2 Does he like it there?
3 Does her daughter-in-law speak English?
4 Does Ann get on well with her?
5 Does Ann say why?
6 Does Inge get on well with Glenn?
7 Does Bruno get on well with Glenn?
8 Does the son-in-law speak German?
9 Does Inge's daughter miss Germany?

1c Wählen Sie eine weibliche Person, die Sie gut kennen. Ihr/e Nachbar/in stellt Ihnen zu Ihrer Person vier Fragen.

A Fragen Sie mich nach *(meiner Tochter)*.
B Does she live in …?
… she work full-time?
… she like …?
… she speak …?

Und nun wechseln Sie. Ihr/e Nachbar/in wählt eine männliche Person. Sie stellen die vier Fragen mit *Does he …?*

🎧 **2a Inge zeigt einige Fotos.**

Inge	Look. This is a photo of her.
Ann	Oh, isn't she pretty?
Inge	And this is Glenn. Look at him. I like him in that hat.
Ann	Yes. Isn't it nice?
Inge	This is a photo of us in ... Oh, I can't remember the name of the place now. I must ask them when I see them again.

┌─ **ZUSATZWORTSCHATZ**

jacket – *Jacke, Jackett*
skirt – *Rock*
shirt – *Hemd*
pair of trousers – *Hose*
smart – *schic*
unusual – *ungewöhnlich*

2b Was gefällt Ihnen an der Kleidung der anderen Kursmitglieder?

A   Look at *(Ingrid/Günther)*.

I like	her him	in that	pullover. dress. jacket. pair of trousers. blouse. skirt. shirt.

B   Yes, ...

... isn't	he she it	nice? lovely? pretty? smart? unusual? funny?

🎧 **3   Hören Sie nun den gesamten Dialog.**

INFORMATIONEN & TIPPS

Britisches und amerikanisches Englisch

Es gibt verschiedene Formen oder Varianten des Englischen, so wie es z. B. im Deutschen Hochdeutsch und Schwyzerdütsch gibt. Die beiden wichtigsten Varianten sind britisches Englisch (BE) und amerikanisches Englisch (AE). Briten und Amerikaner haben in der Regel keinerlei Probleme einander zu verstehen, d. h. Sie werden mit dem Englisch, das Sie jetzt lernen, überall gleich gut verstanden werden. Einige Unterschiede gibt es aber. Hauptsächlich liegen sie in der Aussprache, aber auch in der Schreibweise bestimmter Wörter (z. B. BE *centre* = AE *center*) gibt es Unterschiede. Zum Teil werden für dieselben Dinge andere Wörter ge-braucht (z. B. heißt Wohnung im BE *flat*, im AE aber *apartment*, Benzin im BE *petrol*, im AE aber *gas*). Die wenigsten Unterschiede gibt es in der Grammatik.

lucky – happy

Im Dialog heißt es *We're very lucky* und *She's very happy*. *Lucky* und *happy* haben beide mit Glück zu tun. *We're very lucky* entspricht „Wir haben viel Glück", d. h. das Schicksal war uns wohl gesonnen und alles ist gutgegangen. *She's very happy* entspricht „Sie ist sehr glücklich", d. h. sie hat ein Gefühl von Freude und Zufriedenheit.

GRAMMATIK

He speaks English.	He **doesn't** speak German.	**Does** he speak French?
She misses her friends.	She **doesn't** miss the carnival.	**Does** she miss you?
It rains.	It **doesn't** rain much.	**Does** it snow?

• Erinnern Sie sich? In Unit 19 haben Sie gelernt, dass Aussagen in der 3. Person (nach *he, she, it, Ann, the concert* usw.) verneint werden, indem wir *doesn't (= does not)* vor das Verb stellen. Fragen werden gebildet, indem wir *does* an den Satzanfang stellen.

Does he speak French?	Yes, he **does**.	No, he **doesn't**.
Does she miss you?	Yes, she **does**.	No, she **doesn't**.
Does it snow?	Yes, it **does**.	No, it **doesn't**.

• In der Kurzantwort wird *does* aus der Frage wiederholt:
  – *Yes, ... does.*
  – *No, ... doesn't.*

I know. Ask **me**. Give **me** the letter.	*me* = mich, mir
You know. I'll ask **you**. I'll give **you** the letter.	*you* = dich, dir; Sie, Ihnen
He knows. Ask **him**. Give **him** the letter.	*him* = ihn, ihm
She knows. Ask **her**. Give **her** the letter.	*her* = sie, ihr
We know. Ask **us**. Give **us** the letter.	*us* = uns
You know. I'll ask **you**. I'll give **you** the letter.	*you* = euch; Sie, Ihnen
They know. Ask **them**. Give **them** the letter.	*them* = sie, ihnen

🎧 WICHTIGE REDEWENDUNGEN

We don't get on very well. – *Wir kommen nicht gut miteinander aus.*
We're very lucky. – *Wir haben viel Glück.*
That's no problem. – *Das ist kein Problem.*
I miss her. – *Ich vermisse sie.*

Isn't she pretty? – *Sie ist aber hübsch.*
I like him in that hat. – *Ich mag ihn mit dem Hut.*
Isn't it nice? – *Es ist schön, nicht wahr?*
I must ask them. – *Ich muss sie fragen.*

ÜBUNGEN

1 Beantworten Sie die Fragen mit *Yes, he/she/it does* **oder** *No, he/she/it doesn't.*

1 Does Inge live in Cologne? (Unit 1)
2 Does Ann speak German? (Unit 3)
3 Does Bruno drink beer? (Unit 6)
4 Does Bruno know Rolf Mayer? (Unit 7)
5 Does Ann's son live in Munich? (Unit 9)
6 Does Ann live in Oxford? (Unit 12)

7 Does Mary have two grandsons? (Unit 13)
8 Does the ship stop in Tangier? (Unit 14)
9 Does Ann get up at 7 o'clock? (Unit 16)
10 Does Inge have a big lunch? (Unit 17)
11 Does Ann's son sing? (Unit 18)
12 Does Ann mind the cold? (Unit 19)

2 Stellen Sie passende Fragen mit *does*.

1 When does *Inge watch TV with Bruno*?
  – On Friday.

2 When does _____
  _____? – On Sunday.

3 When _____
  _____? – On Thursday.

4 When _____
  _____? – On Saturday.

5 When _____? – On Tuesday.

Inge's week

Sunday	*She writes a letter to Anke.*
Monday	
Tuesday	*She goes to her English class.*
Wednesday	
Thursday	*She meets friends for a drink.*
Friday	*She watches TV with Bruno.*
Saturday	*She goes shopping.*

3 *do, does, don't* **oder** *doesn't*?

A Where _____ Mary live?

B In Oxford.

A _____ she live near Ann?

B Yes, she _____.

A _____ her children live near her, too?

B Yes, they _____.

A _____ she see them every day?

B No, she _____. Not every day.

A _____ Mary and Ann meet very often?

B No, they _____. Not very often.

Ann _____ have time.

4 Kreuzworträtsel.

across (waagerecht)

1 I know Sonia's husband well. Do you know _ _ _?
3 When will I see _ _ _ again?
6 I know Paris well. Do you know _ _?
8 We're on one of the photos. Yes, this is the photo of _ _.
9 Do you miss your daughter? - Yes, I miss _ _ _ sometimes.
10 Excuse _ _. What's the time, please?

down (senkrecht)

2 _ _ name's Ann. What's your name?
4 Bruno and I don't see _ _ _ daughter often.
5 Come and visit _ _ when you are in Germany.
7 I don't see my grandchildren very often. I miss _ _ _ _.

I'M SORRY. – THAT'S ALL RIGHT.

PRESENTATION

🎧 **1a Mary fragt jemanden, ob er zum Kegelverein gehört.**

Mary Excuse me. Are you with the German skittles club?

Man No, I'm afraid not.

Mary Oh, I'm sorry.

Man That's all right.

PRACTICE

1b Üben Sie, wie man sich entschuldigt und auf eine Entschuldigung reagiert.

A Excuse me. *(Is this the French class?)*

B No, I'm afraid not.

A Oh, I'm sorry.

B That's all right.

Is this the French class? • Are you the English teacher? • Is this the Bristol Hotel? • Are you from Italy? • Are you Hannah Schulz? • Do you work here? • Are you from the USA? • Are you with that ... club?

🎧 2a Mary fragt noch jemanden.

Mary   Excuse me. Are you with the German skittles club?

Man   Yes, I am.

Mary   Oh good. Can you help me, please? I'm looking for Inge's and Bruno's cabin. Do you know which number it is?

Man   Yes, it's cabin number 337.

Mary   Thank you.

Man   They're packing at the moment. Or rather, Inge is packing, and Bruno is helping. He's finishing the last bottle of Madeira wine and singing to her.

Mary   Oh!

ZUSATZWORTSCHATZ

room number 5 – *Zimmer Nummer 5*
20 Oxford Street – *Oxford-Straße 20*

---

3 🎧 Hören Sie nun den gesamten Dialog.

2b Sagen Sie diese Zahlen.

101	a/one hundred and one
212	two hundred and twelve
323	three hundred and twenty-three
457	four hundred and fifty-seven
999	nine hundred and ninety-nine
1000	a/one thousand

100, 137, 248, 362, 473, 587, 614, 725, 864

2c Üben Sie die Zahlen im Gespräch.

A   Excuse me. Is this *(cabin number twenty-one)*?

B   No, I'm afraid not. It's number *(twenty-two)*.

cabin number 21 (22) • *cabin number 45 (46)* • *house number 69 (70)* • *house number 122 (124)* • *165 Museum Street (167)* • *182 Museum Street (184)* • *room number 657 (637)* • *room number 942 (940)* • *room number 535 (525)*

INFORMATIONEN & TIPPS

Excuse me – I'm sorry

Diese Redewendungen entsprechen beide „Entschuldigung" oder „Entschuldigen Sie" im Deutschen. *Excuse me* gebraucht man, **bevor** man etwas macht oder fragt, z. B. *Excuse me, what's the time, please?*

I'm sorry hingegen sagt man, um sich zu entschuldigen, **nachdem** man etwas getan hat. Mary entschuldigt sich bei dem Fremden mit *I'm sorry*, weil sie fälschlicherweise angenommen hatte, dass er zu Brunos Kegelverein gehört.

Auf eine Entschuldigung mit *I'm sorry* kann man mit *That's all right* (= Keine Ursache./ Schon gut.) antworten.

Nicht vergessen: *I'm sorry* bedeutet auch „Es/ Das tut mir leid", z. B. *Mary's not very well this morning. – Oh, I'm sorry.*

Zahlen

Achten Sie darauf, dass bei Zahlen über 100 im britischen Englisch *and* gebraucht werden muss, z. B. *a hundred and twenty-five*. Im amerikanischen Englisch kann *and* weggelassen werden.

GRAMMATIK

I'**m**	pack**ing**	at the moment.
You'**re**	pack**ing**	at the moment.
He'**s**	pack**ing**	at the moment.
She'**s**	pack**ing**	at the moment.
We'**re**	pack**ing**	at the moment.
You'**re**	pack**ing**	at the moment.
They'**re**	pack**ing**	at the moment.

- Diese Form setzt sich zusammen aus einem Teil von *be* (*am*, *are* oder *is*) und einem Verb mit der Endung *-ing*.
- Mit dieser Form beschreiben wir etwas, das im Augenblick nicht abgeschlossen ist und gerade verläuft – daher der Name „Verlaufsform".

have	– hav**ing**	phone	– phon**ing**
live	– liv**ing**	write	– writ**ing**
come	– com**ing**		

- Wenn ein Verb auf *-e* endet, entfällt dieses *-e* vor *-ing*.

🎧 WICHTIGE REDEWENDUNGEN

Excuse me. – *Entschuldigung. / Entschuldigen Sie.*
I'm sorry. – *Entschuldigung. / Entschuldigen Sie.*
That's all right. – *Das ist in Ordnung. / Macht nichts. / Keine Ursache. / Schon gut.*
They're packing. Or rather Inge's packing. – *Sie packen. Das heißt Inge packt.*

ÜBUNGEN

1 Schreiben Sie die Zahlen aus.

_____

_____

_____

_____

_____

_____

2 Korrigieren Sie die Fehler.

1 ~~fiveteen~~   *fifteen*

2 ~~twelf~~   _____

3 ~~ninty seven~~   _____

4 ~~fivety three~~   _____

5 ~~fourty six~~   _____

6 ~~eightty two~~   _____

7 ~~threeteen~~   _____

3 Was machen diese Personen gerade?

1 *He's writing a letter.*

2 She's _____ radio.

3 They _____ .

4 She _____ .

5 He _____ .

6 He _____ .

4 Ordnen Sie zu und ergänzen Sie die richtige Form des Verbs.

1 Can you help me, please?

2 Can Ann phone her son?

3 Can David go and buy some bread?

4 Can Craig and Alexander come to the cinema?

5 Can you and Silvia help me with this postcard in German?

a Sorry. He _____ lunch at the moment. (cook)

b Sorry. I _____ at the moment. (work)

c Sorry. We _____ breakfast at the moment. (make)

d Sorry. She _____ Mary at the moment. (phone)

e Sorry. They _____ for their dog at the moment. (look)

PRESENTATION

🎧 **1a Ann bittet Inge um ihre Adresse.**

Ann	Inge, let me have your address.
Inge	It's In den Hüppen 26, 53879 Euskirchen.
Ann	Can you spell the name of the street, please?
Inge	Of course. It's "in", new word "den", D E N, new word "Hüppen", H U-umlaut double-P E N.
Ann	In den Hüppen. That's a funny name.
Inge	Yes, it is. I often have to spell it for German people, too.
Ann	And what's the postcode for Euskirchen again?
Inge	53879.
Ann	53879. OK, thank you.

ZUSATZWORTSCHATZ

ä = *a-umlaut*   *Das komplette englische*
ß = *double s*   *Alphabet finden Sie auf*
                            Seite 96.

PRACTICE

1b Sprechen Sie diese Buchstaben nach.

A H J K
B C D E G P T V
F L M N S X Z
I Y
Q U W

1c Üben Sie das Buchstabieren.

A What's *(your name)*, please?
B It's *(Schmitz)*.
A Can you spell that, please?
B Yes, it's *(S C H M I T Z)*.
A Thank you.

your name • the name of your street • the name of your town • your neighbour's name

🎧 **2a Ann möchte die Telefonnummer haben.**

Ann   And what's your telephone number, please?

Inge   It's 02251 – that's the code – and the number is 34529.

Ann   02251–34529. OK.

Inge   And what's your address and phone number, Ann?

Ann   Here they are – on this piece of paper.

Inge   Thank you.

2b Fragen Sie nach Telefonnummern.

A   What's *(your)* telephone number, please?

B   It's …

A   And what's the code?

B   It's …

your • your neighbour's • your best friend's • your son's/daughter's/brother's/…

🎧 **3a Es ist Zeit zum Verabschieden.**

Inge   Well, it's time to say goodbye. Goodbye, Mary. It was lovely to meet you.

Mary   Goodbye, Inge.

Inge   When you visit your son, Ann, you must come and visit us for a few days.

Ann   I'd love to see you again. You and Bruno must come and have a holiday in England. In the summer, Bruno, when it's warm.

Bruno   Well, we want to visit Anke in Boston next year. Perhaps we'll fly via London.

3b Üben Sie sich zu verabschieden.

A   Well, it's time to say goodbye. It was lovely to meet you.

B   When you *(come to Germany)*, you must come and visit me. I'd love to see you again.

A   Thank you. That's very nice of you.

come to Germany/Austria/Switzerland • come to Berlin/Salzburg/Zurich/… • come to my part of Germany/Austria/Switzerland • are near …straße

🎧 **4 Hören Sie nun den gesamten Dialog.**

INFORMATIONEN & TIPPS

Das ist im amerikanischen Englisch anders.
Im amerikanischen Englisch wird der Buchstabe Z genau wie das deutsche Wort „sie" ausgesprochen.
Die Ziffer 0 (Null) in Telefonnummern spricht man als Buchstabe *O* (wie das Wort Oh) oder als *zero*.
Außerdem heißt die Postleitzahl im amerikanischen Englisch *zip code*, nicht *postcode*.

Übrigens: In Großbritannien setzt sich die Postleitzahl aus zwei Gruppen von Buchstaben und Ziffern zusammen. Beispiele: *London SE8 7LN, Oxford OX2 8LQ*. In den USA ist die Postleitzahl, wie bei uns, eine fünfstellige Zahl. Ihr werden zwei Buchstaben vorangestellt, die den Bundesstaat kennzeichnen. Beispiele: *CA 95814 (CA = California), NY 10010 (NY = New York).*

GRAMMATIK

🎧 Das Alphabet

Hören Sie sich die Aussprache des Alphabets auf der Cassette an.

A	B	C	D	E	F	G	H	I	J	K	L	M
N	O	P	Q	R	S	T	U	V	W	X	Y	Z

🎧 WICHTIGE REDEWENDUNGEN

Can you spell that, please? – *Können Sie das bitte buchstabieren?*

What's your address? – *Wie ist Ihre Adresse?*

What's your telephone number? – *Wie ist Ihre Telefonnummer?*

What's the postcode for Euskirchen? – *Wie lautet die Postleitzahl für Euskirchen?*

It's time to say goodbye. – *Es ist Zeit, auf Wiedersehen zu sagen.*

When you come to Germany, you must come and visit us for a few days. – *Wenn Sie nach Deutschland kommen, müssen Sie uns ein paar Tage besuchen.*

It was lovely to meet you. – *Es war sehr schön, Sie kennen zu lernen.*

ÜBUNGEN

1 Bilden Sie Paare, die sich reimen.
Mehrere Kombinationen sind möglich, aber verwenden Sie jedes Wort nur einmal.

day • me •
say • are •
be • tea •
you • my •
see • few

1 Q *you*

2 J _____

3 G _____

4 U _____

5 V _____

6 A _____

7 E _____

8 R _____

9 Y _____

10 C _____

2 *Who, how* **oder** *what*?

1 _____ is your telephone number?

2 _____ are you this morning?

3 _____ is the man over there?

4 _____ is he like? – Very nice.

5 _____ is "fly" in German?

6 _____ cold is it in Germany now?

7 _____ is your address, please?

3 Ordnen Sie die Sätze so, dass sich ein Gespräch ergibt.

[ ] Yes, it's B R U-umlaut H L.
[ ] Yes, I do. Can I help you?
[1] Excuse me. Do you speak English?
[ ] Can you spell the name of the hotel, please?
[ ] Mährengasse. That's M A-umlaut H R E N G A double-S E.
[ ] Yes. I'm looking for the Hotel Brühl.
[ ] Sorry. What's the name of the street again?
[ ] Oh Brühl. That's in the Mährengasse.
[ ] Ah, now I understand. Thank you.

4 Ordnen Sie zu.

1	What's your address, please?	[ ]	a	Well, why don't you come and visit us in Ulm?
2	You can stay with us.	[ ]	b	Yes, of course. H I G H B U R Y.
3	Can you spell that, please?	[ ]	c	Are you sure that's no problem?
4	I'd love to visit Germany.	[ ]	d	It's 28 Highbury Road.

5 Kreuzworträtsel

across (waagerecht)
1 This is our _ _ _ _ meal. Tomorrow I'll be at home again.
4 Perhaps we'll fly to Boston _ _ _ London.
5 You must come and visit us for a _ _ _ days.
6 What's your tele_ _ _ _ _ number, please?
7 And what's _ _ _ _ address?
8 Can you _ _ _ _ _ the name of the street, please?
9 I'm _ _ _ from the USA. I'm from Britain.
11 Perhaps we'll _ _ _ via London.

down (senkrecht)
1 I'd _ _ _ _ to see you again.
2 Come and _ _ _ _ for a few days.
3 The _ _ _ _ for Euskirchen is 02251.
5 In den Hüppen is a _ _ _ _ _ name for a street.
6 The _ _ _ _code for Euskirchen is 53879.
10 We want _ _ visit Anke next year.

1 Das Alphabet

a Alle Kursmitglieder arbeiten zusammen. Ein Kursmitglied beginnt und sagt *A*. Der Reihe nach sagen die anderen das Alphabet weiter: *B, C, D* usw. Wenn ein Fehler gemacht wird, beginnen Sie wieder bei *A*.

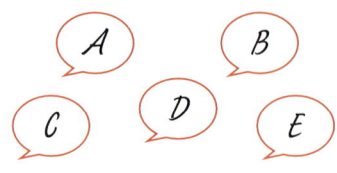

b Suchen Sie sich mit einem Partner/einer Partnerin vier längere Wörter aus den Units 21–24. Schreiben Sie sie in die linke Spalte.
Setzen Sie sich dann mit einem anderen Paar zusammen. Buchstabieren Sie Ihre Wörter dem anderen Paar. Das andere Paar buchstabiert Ihnen seine vier Wörter. Schreiben Sie sie auf.

_____   _____

_____   _____

_____   _____

_____   _____

2 Die Zahlen

Spielen Sie Bingo. Jedes Kursmitglied wählt sich neun der folgenden Zahlen aus und schreibt sie in beliebiger Reihenfolge auf seiner Bingokarte auf. (Weiteres Vorgehen wie in der Spielanleitung auf S. 37.)

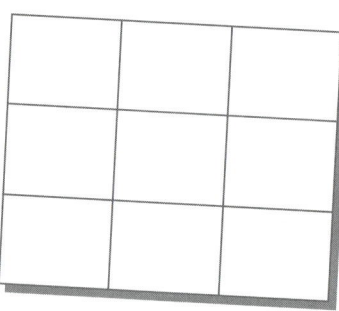

101 – 167 – 213 – 298 –
326 – 344 – 409 – 475 –
516 – 560 – 613 – 630 –
719 – 790 – 847 – 874 –
969 – 996

3 Redewendungen

Welche Redewendung passt zu den folgenden Dialogen?

Excuse me. – I'm sorry. – I'm afraid not. – Oh dear. – That's all right. – Here you are. – Of course.

1 *A* Are you the English teacher?
   B No, I'm not.
   A (Entschuldigung) ... .
   B (Keine Ursache) ... .

2 *A* (Entschuldigen Sie) ... . What's the time?
   B It's five past ten.

3 *A* We have a very noisy room.
   B (O je) ... .

4 *A* Can you help me this afternoon?
   B (Leider nicht) ... .

5 *A* Can I have the sugar, please?
   B (Natürlich) ... .
      (Bitte schön) ... .

4 Grammatik: Fragen mit *do* und *does*

a Arbeiten Sie mit einem anderen Kursmitglied zusammen. Formulieren Sie sinnvolle Fragen zu den Antworten.

1 Do _____? Yes, I do.

2 Do _____? No, I don't.

3 Does _____? Yes, she does.

4 Does _____? No, he doesn't.

5 Does _____? No, she doesn't.

6 Does _____? Yes, he does.

b Stellen Sie nun Ihre Fragen anderen Kursmitgliedern. (Reihenfolge der Fragen unbedingt verändern.)

5 Grammatik: Fragen mit *does*

In diesem Ratespiel sucht sich ein Kursmitglied ein anderes aus, ohne aber diese Person zu nennen. Alle anderen müssen herausfinden, wer die Person ist, indem sie Fragen mit *does* stellen. Hier ein Beispiel:

A My person is a woman.
B Does your person live here in Berlin?
A Yes, she does.
C Does she like the heat?
A No, she doesn't.
D Is it *(Ingrid)*?
A Yes, it is.

live – come from – get up at … –
go shopping on … – speak – like – cook – sing –
go to the theatre/cinema – go hiking – go
swimming – work …

6 Rückblick

In den letzten Units haben Sie unter anderem gelernt, wie man …

… fragt, ob jemand Deutsch/Englisch spricht.	*Do you speak German/English? – Yes, I do.*
… sich entschuldigt.	*Oh, I'm sorry. – That's all right.*
… jemanden bittet, etwas zu buchstabieren.	*Can you spell that, please?*
… etwas buchstabiert.	*That's M U-umlaut double-L E R.*
… nach einer Postleitzahl/Telefonnummer fragt.	*What's the postcode/telephone number, please?*
… sich verabschiedet.	*Goodbye. It was lovely to meet you.*
	When you're in Germany, you must come and visit us.

WÖRTERVERZEICHNIS CHRONOLOGISCH

UNIT 1

Übersetzung des Präsentationsdialogs

Ann   Guten Tag, ich heiße Ann, Ann Thomas.
Inge   Nett, Sie kennenzulernen, Ann.
       Ich heiße Inge, Inge Schmitz.
Ann   Nett, Sie kennenzulernen.

Ann   Woher sind Sie Inge?
Inge   Ich bin aus Deutschland. Ich bin aus
       Euskirchen. Das ist in der Nähe von
       Köln. Und woher sind Sie Ann?

Inge   Sind Sie aus den Vereinigten Staaten?
Ann   Nein (bin ich nicht). Ich bin aus Groß-
       britannien.
Inge   Sind Sie aus England?
Ann   Ja (bin ich). Ich bin aus Oxford.

Wortliste

1

hello	Hallo, guten Tag
my	mein/e
name	Name
is	ist
My name's	Mein Name ist … ,
(= name is) …	Ich heiße …
nice	nett, schön
to	zu
meet	kennenlernen; treffen; begegnen
you	du, ihr, Sie
Nice to meet you.	Nett, Sie kennenzulernen.

2

where	wo, wohin
are	bist, seid, sind
from	von, her, aus
Where are you from?	Woher kommen/sind Sie?
I	ich
I'm (= I am)	ich bin
Germany	Deutschland
that	das
near	in der Nähe von, nahe (bei)
Cologne	Köln
and	und
Austria	Österreich
Switzerland	die Schweiz
Munich	München
Berlin	Berlin
Vienna	Wien
Zurich	Zürich

3

the	der, die, das
the United States	die Vereinigten Staaten
no	nein
not	nicht
No, I'm not.	Nein (bin ich nicht).
Britain	Großbritannien
England	England
yes	ja
Yes, I am.	Ja (bin ich).
USA	USA
Canada	Kanada
Australia	Australien
France	Frankreich
Spain	Spanien
Italy	Italien

UNIT 2

Übersetzung des Präsentationsdialogs

Inge   Ich habe eine Tochter in den USA,
       in der Nähe von Boston.
Ann   Und ich habe einen Sohn in Deutsch-
       land!
Inge   Wirklich?
Ann   Ja.

Ann	Er ist (lebt) in Bayern, in der Nähe von München.
Inge	Ach ja.
Ann	Seine Frau ist Deutsche.
Ann	Kommen Sie und lernen Sie meine Freundin kennen. Sie ist dort drüben. Ihr Name ist Mary.

Wortliste

1

have	haben
a	ein/e
daughter	Tochter
in	in
son	Sohn
really	wirklich, tatsächlich
grandson	Enkelsohn
granddaughter	Enkeltochter
brother	Bruder
sister	Schwester
cousin	Cousin/e
friend	Freund/in, Bekannte/r

2

he	er
he's (= he is)	er ist
Bavaria	Bayern
oh	ach
his	sein/e
wife	Ehefrau
German	deutsch, Deutsch/e/r
husband	Ehemann
son-in-law	Schwiegersohn
daughter-in-law	Schwiegertochter

3

come	kommen, kommen Sie
she	sie
she's (= she is)	sie ist
there	da, dort; dorthin
over there	da drüben
her	ihr/e

UNIT 3

Übersetzung des Präsentationsdialogs

Ann	Mary, das ist Inge. Inge, das ist Mary.
Inge	Nett, Sie kennenzulernen.
Mary	Guten Tag.
Mary	Entschuldigúng. Wie ist Ihr Name?
Inge	Inge.
Mary	Inge. Ist das richtig?
Inge	Ja, das ist richtig.
Inge	Können/Sprechen Sie Deutsch, Ann?
Ann	Ja (kann ich). Ein wenig.
Inge	Ach gut!

Wortliste

1

this	dies, das; diese/r/s

2

Excuse me ...	Entschuldigen Sie ...
me	mich
what	was
your	dein/e, euer, eure, Ihr/e
What's your name?	Wie heißen Sie?
it	es
right	richtig
first name	Vorname
surname	Familienname
address	Adresse
of	von
town	Stadt
street	Straße

3

can	können
speak	sprechen
a little	ein wenig, ein bisschen
good	gut
English	englisch, Englisch
French	französisch, Französisch
Italian	italienisch, Italienisch, Italiener/in

Spanish	spanisch, Spanisch
I'm afraid not.	Leider nicht.

UNIT 4

Übersetzung des Präsentationsdialogs

Inge	Ich bin mit meinem Mann hier. Wir sind mit seinem Verein hier. Wie heißt „Kegelverein" auf Englisch, Ann?
Ann	...
Inge	Nun, wir sind mit dem Kegelverein meines Mannes hier.
Ann	Meine Schwiegertochter ist Mitglied in einem Kegelverein.
Inge	Ach wirklich.
Mary	Wie heißt Ihr Mann, Inge?
Inge	Bruno.
Inge	Bruno ist da drüben mit seinen Freunden. Sie sind alle in der Bar. Ich muss jetzt gehen.
Ann	Okay. Bis später.
Inge	Ja. Auf Wiedersehen.
Mary	Wiedersehen, Inge.

Wortliste

1

here	hier
with	mit
we're (= we are)	wir sind
club	Klub, Verein
What's ... in English?	Wie heißt ... auf Englisch?
skittles club	Kegelverein
sports club	Sportverein
ski club	Skiverein
hiking club	Wanderverein
carnival club	Karnevalsverein, Faschingsgesellschaft
music club	Musikverein
church group	Kirchenkreis
choir	Chor

2

well	nun
my husband's skittles club	der Kegelverein meines Mannes
member	Mitglied
a member of a club	Mitglied in einem Verein
neighbour	Nachbar/in
best friend	beste/r Freund/in
teacher	Lehrer/in

3

they're (= they are)	sie sind
all	all/e
bar	Bar
must	müssen
go	gehen, fahren
now	jetzt, nun
OK	OK, okay, in Ordnung
See you later.	Bis später.
goodbye	auf Wiedersehen
bye-bye	Wiedersehen
hotel	Hotel
restaurant	Restaurant
coach	(Reise-)Bus
museum	Museum
tour group	Reisegruppe

UNIT 6

Übersetzung des Präsentationsdialogs

Ann	Guten Morgen, Inge. Wie geht es Ihnen?
Inge	Gut, danke.
Ann	Und Ihnen, Bruno. Wie geht es Ihnen?
Bruno	Ach, OK. Zuviel Bier gestern abend, leider.
Ann	Möchten Sie etwas Kaffee?
Inge	Ja gerne.
Ann	Und Sie Bruno? Möchten Sie etwas Kaffee?
Bruno	Nein danke.
Ann	Möchten Sie etwas Tee? Oder Wasser?
Bruno	Wasser, bitte.

Inge	Wo ist Mary?
Ann	In unserer Kabine.
Inge	Ach. Ist ihr nicht gut?
Ann	Nein, leider nicht.
	Mary verlor vor kurzem ihren Mann.
Inge	Ach, das tut mir Leid.

Wortliste

good morning	guten Morgen
How are you?	Wie geht es dir/euch/ Ihnen?

1

Fine thanks.	Gut, danke.
too much beer	zu viel Bier
last night	letzte Nacht; gestern abend
Good afternoon.	Guten Tag. *(nachmittags)*
Good evening.	Guten Abend.
Not so bad.	Mir geht es ganz gut.
I'm not very well.	Mir geht es nicht (sehr) gut.

2

Would you like ...?	Möchtest du/Möchtet ihr/ Möchten Sie …?
some	etwas
coffee	Kaffee
please	bitte
Yes, please.	Ja bitte, ja gerne.
No, thank you.	Nein danke.
tea	Tee
or	oder
water	Wasser
wine	Wein
juice	Saft
milk	Milch

3

our	unser/e
cabin	Kabine
No, she isn't.	Nein (ist sie nicht).
lost	verlor
not long ago	vor kurzem
I'm sorry.	Es/Das tut mir Leid.
today	heute

UNIT 7

Übersetzung des Präsentationsdialogs

Bruno	Kann ich bitte die Butter haben?
Ann	Ja natürlich. Bitte (sehr/schön).
Bruno	Danke schön.
Ann	Bitte (schön).
Ann	Sagen Sie mal. Wer ist der Mann da drüben? Ist er in Ihrem Kegelverein?
Bruno	Nein (ist er nicht).
Inge	Er ist sehr müde.
Ann	Ja (ist er), aber er sieht gut aus.
Ann	Und die Leute da drüben – sind sie in Ihrem Verein?
Bruno	Ja (sind sie).
Inge	Ihre Kabine ist neben unserer Kabine. Ihr Name ist Mayer.
Ann	Sind sie verheiratet?
Inge	Nein (sind sie nicht). Sie sind beide unverheiratet. Sie sind Geschwister, Rolf und Trudi Mayer.

Wortliste

1

butter	Butter
of course	natürlich
Here you are.	Bitte schön/sehr.
You're welcome.	Keine Ursache.; Bitte sehr.
sugar	Zucker
salt	Salz
pepper	Pfeffer
bread	Brot

2

Tell me.	Sagen Sie mal.
who	wer
man	Mann
No, he isn't.	Nein (ist er nicht).
tired	müde
but	aber
good-looking	gut aussehend
tall	groß *(gewachsen)*
short	kurz

fat	dick
slim	schlank
old	alt
young	jung

3

people	Leute, Personen
Yes, they are.	Ja (sind sie).
their	ihr/e
next to	neben
married	verheiratet
No, they aren't.	Nein (sind sie nicht).
both	beide
single	allein stehend, ledig
brother and sister	Geschwister

UNIT 8

Übersetzung des Präsentationsdialogs

Ann   Wie viele Personen gibt es in Brunos Verein?

Inge   Lass mal sehen. Es gibt eins, zwei, drei, vier, fünf Ehepaare. Das sind zehn Leute. Die Mayers, zwölf. Franz und Willi Günther, vierzehn. Und Irmgard und Ulla, sechzehn.

Ann   Sechzehn Personen insgesamt?

Inge   Ja, sechzehn, Ehepartner und Freunde mitgerechnet. Acht Männer und acht Frauen.

Ann   Ihr Englisch ist sehr gut, Inge.

Inge   Es ist nett von Ihnen, das zu sagen. Danke. Bruno und ich sind Mitglieder in einem Englischkurs.

Ann   Ist das ein Abendkurs?

Inge   Ja, das ist richtig. Unser Lehrer ist Engländer.

Ann   Ach.

Inge   Ihr Kleid ist sehr schön, Ann.

Ann   Danke.

Wortliste

How many are there?	Wie viele gibt es?

1

Let me see.	Lass/lassen Sie mal sehen.
there are	es gibt/sind
one	eins
two	zwei
three	drei
four	vier
five	fünf
couple	Ehepaar
That's ten people.	Das sind zehn Leute.
twelve	zwölf
fourteen	vierzehn
sixteen	sechzehn
altogether	insgesamt
wives	Ehefrauen
men	Männer
woman, women	Frau, Frauen

2

That's nice of you.	Das ist nett von Ihnen.
say	sagen
That's nice of you to say so.	Es ist nett von Ihnen, das zu sagen.
an *(vor a, e, i, o, u)*	ein/e
class	Kurs, Klasse
Englishman	Engländer
Englishwoman	Engländerin
dress	Kleid
accent	Akzent
pronunciation	Aussprache
pullover	Pullover
watch	(Armband-)Uhr
blouse	Bluse

UNIT 9

Übersetzung des Präsentationsdialogs

Ann   Woher aus Deutschland kommen Sie?

Inge   Wir leben in Euskirchen. Das liegt südwestlich von Köln.

Bruno Es ist eine mittelgroße Stadt.

Inge   Und Ihr Sohn, Ann?

Ann   Er lebt im Süden von Deutschland. In Ebersberg.

Bruno Ach ja. Das ist nicht weit von München.

Ann   Das ist richtig. Es liegt etwa 30 Kilometer östlich von München.

Bruno Wir sind ursprünglich nicht aus Euskirchen. Ich bin ursprünglich aus Magdeburg.

Ann   Und Sie Inge?

Inge   Ich bin nicht aus Ostdeutschland. Ich bin ursprünglich aus Mannheim.

Wortliste

1

live	wohnen/leben
southwest of	südwestlich von
medium-sized	mittelgroß
north of	nördlich von
south of	südlich von
east of	östlich von
west of	westlich von
place	Ort, Platz, Stelle
city	Großstadt
village	Dorf
big	groß
small	klein

2

he lives	er lebt/wohnt
in the south of Germany	im Süden von Deutschland
far	weit
about	etwa
thirty	dreißig
kilometre	Kilometer
in the north of	im Norden von
in the east of	im Osten von
in the west of	im Westen von
in the middle of	in der Mitte von
forty	vierzig
fifty	fünfzig
sixty	sechzig
seventy	siebzig
eighty	achtzig
ninety	neunzig
a/one hundred	(ein)hundert

3

we aren't	wir sind nicht
originally	ursprünglich
East Germany	Ostdeutschland

UNIT 11

Übersetzung des Präsentationsdialogs

Ann   Erzählen Sie mir von Euskirchen. Was gibt es zu tun und zu sehen?

Inge   Es gibt ein schönes Theater. Aber es gibt eigentlich kein interessantes Museum.

Bruno Es gibt einen guten Kegelverein! Und es gibt auch den Karneval. Aber es gibt keine gute Fußballmannschaft.

Inge   Es gibt eigentlich keinen großen Park. Aber die Landschaft in der Nähe von Euskirchen ist schön. Die Eifel.

Ann   Ach ja. Die Eifel.

Ann   Was gibt es (sonst) noch?

Inge   Es gibt einige nette Orte in der Nähe von Euskirchen.

Bruno Es gibt einige gute Kneipen.

Inge   Es gibt nicht viele gute Geschäfte. Aber wir sind nicht weit von Köln und Bonn entfernt.

Bruno Es gibt keine guten Nachtlokale.

Inge   Ach Bruno!

Wortliste

What is there ...?	Was gibt es ...?
to do	zu tun

1

about	über, von
there's	es gibt
theatre	Theater
really	eigentlich
interesting	interessant
carnival	Karneval
too	auch
football team	Fußballmannschaft
park	Park(anlage)
beautiful	schön, herrlich
countryside	Landschaft
river	Fluss
new	neu
swimming pool	Schwimmbad
modern	modern
sports centre	Sportzentrum
cinema	Kino
famous	berühmt; bedeutend
castle	Burg; Schloss

2

What else?	Was sonst?; Was noch?
some	einige, ein paar
pub	Pub, Kneipe, Gaststätte
a lot of	viel/e
shop	Geschäft, Laden
There aren't any ...	Es gibt keine ...
night club	Nachtlokal
building	Gebäude
house	Haus

UNIT 12

Übersetzung des Präsentationsdialogs

Bruno Erzählen Sie mir von Oxford. Gibt es eine gute Fußballmannschaft?

Mary Nein (gibt es nicht). Tut mir leid, Bruno.

Ann Es gibt einen Fußballverein, aber er ist nicht sehr gut.

Bruno Gibt es Karneval?

Ann Ja (gibt es). Aber es ist nicht wie der deutsche Karneval.

Bruno Gibt es gute Pubs?

Mary Ja (gibt es).

Bruno Gibt es viele Nachtlokale?

Ann Nein (gibt es nicht). Tut mir leid, Bruno.

Inge Oxford ist doch eine alte Universitätsstadt.

Bruno Ja, ich weiß, aber ...

Ann Möchten Sie (einige) Fotos sehen?

Inge Ja gerne.

Mary Das ist eines der alten Colleges.

Inge Ach, schön.

Wortliste

1

No, there isn't.	Nein (gibt es nicht).
sorry	tut mir leid
football club	Fußballverein
like	wie

2

an old university town	eine alte Universitätsstadt
I know	ich weiß

3

Would you like to see ...?	Möchten Sie ... sehen?
photo	Foto
college	College
lovely	schön, herrlich
perhaps	vielleicht, eventuell
can't	kann nicht
just now	gerade im Moment
go for a meal	essen gehen
meal	Mahlzeit, Essen
go for a drink	etwas trinken gehen
drink	Getränk
go to the theatre	ins Theater gehen

go to the cinema	ins Kino gehen
go shopping	einkaufen gehen
visit	besuchen
family	Familie

UNIT 13

Übersetzung des Präsentationsdialogs

Inge   Mary, erzählen Sie mir von Ihrer Familie.

Mary   Nun, ich habe einen Sohn, John. Er ist verheiratet und hat zwei Töchter.

Inge   Ach, schön.

Mary   Ich habe auch eine Tochter. Sie ist geschieden. Sie hat zwei Jungen.

Inge   Also haben Sie vier Enkelkinder.

Mary   Ja, das ist richtig.

Inge   Wie alt sind Ihre Enkelkinder?

Mary   Die zwei Jungen, Craig und Alexander, sind zwölf und neun. Und meine Enkeltöchter sind fünf und drei.

Inge   Ach, schön.

Mary   Die Kinder haben auch Tiere. Craig und Alexander haben einen Hund. Und die Familie meines Sohnes hat eine Katze namens Samson.

Inge   Das ist ein lustiger Name für eine Katze.

Inge   Dieser Kaffee ist kalt.

Mary   Oh schade.

Inge   Ist Ihr Tee okay?

Mary   Ja, er ist gut so.

Inge   Gut.

Wortliste

1

he has	er hat
also	auch
divorced	geschieden
boy	Junge
so	also
grandchildren	Enkelkinder
child, children	Kind, Kinder
girl	Mädchen
relative	Verwandte/r
no	kein/e

2

animal	Tier
at home	zu Hause
dog	Hund
cat	Katze
called	namens, genannt
funny	lustig; komisch
for	für

3

cold	kalt
Oh dear!	Oh schade!; Oh je!
fine	gut (so); (ganz) in Ordnung
Oh good!	Gut!
hot	heiß; warm
warm	warm
awful	schrecklich
noisy	laut
late	(zu) spät, verspätet

UNIT 14

Übersetzung des Präsentationsdialogs

Ann   Entschuldigen Sie, wie spät ist es, bitte?

Man   Es ist 10 Uhr.

Ann   Und wann werden wir in Tanger sein?

Man   In einer Stunde, um 11 Uhr.

Ann   Und wann wird das Schiff wieder (ab)fahren?

Man   Um halb acht.

Ann   Also wie lange werden wir dort sein?

Man   Achteinhalb Stunden.

Ann   Um wie viel Uhr wird (das) Abendessen heute abend sein?

Man   Um acht Uhr anstatt halb acht. Es wird eine Ansage in 15 Minuten geben, um Viertel nach zehn. Die nächste Ansage wird um Viertel vor elf sein.

What time is it?   Wie viel Uhr ist es?
time   Zeit

1

It's 10 o'clock.   Es ist 10 Uhr.
when   wann
will   werden
Tangier   Tanger
hour   Stunde
at 11 o'clock   um 11 Uhr
What is the time?   Wie spät ist es?

2

ship   Schiff
leave   (ab)fahren; verlassen
again   wieder, noch einmal
half past seven   halb acht
long   lang/e
eight and a half   achteinhalb
half   halb; Hälfte
arrive   ankommen
plane   Flugzeug
train   Zug, Eisenbahn

3

dinner   *(festliches)* Abendessen
this evening   heute Abend
instead of   anstatt, anstelle von
There will be ...   Es wird ... geben.
announcement   Ansage, Ankündigung
minute   Minute
quarter past ten   Viertel nach zehn
next   nächste/r/s
quarter to eleven   Viertel vor elf
breakfast   Frühstück
lunch   Mittagessen

UNIT 16

Übersetzung des Präsentationsdialogs

Ann   Es ist schön, spät aufzustehen. Ich stehe gewöhnlich um sieben Uhr auf. Wie ist es mit Ihnen?

Inge   Ich stehe gewöhnlich um sechs auf. Ich fange um halb acht an zu arbeiten.
Ann   Das ist früh.

Inge   Ich arbeite am Montag, Dienstag und Donnerstag.
Ann   Ach, Sie arbeiten Teilzeit.
Inge   Ja, das ist richtig. Wie ist es mit Ihnen?
Ann   Ich arbeite Vollzeit.

Inge   Wie ist es mit Ihrer Freizeit?
Ann   Nun, am Abend sehe ich oft fern oder lese. Aber am Dienstag besuche ich immer einen Gymnastikkurs.
Inge   Und ich besuche immer meinen Englischkurs.
Ann   Am Dienstag?
Inge   Ja, und am Donnerstag treffe ich mich oft mit Freund(inn)en, wenn Bruno bei seinem Kegelverein ist.
Ann   Am Sonntag esse ich manchmal mit Freund(inn)en zu Mittag.

Wortliste

get up   aufstehen

1

usually   gewöhnlich; normalerweise
What about you?   Was ist mit Ihnen?; Wie ist es mit Ihnen?
work   Arbeit; arbeiten
start work   anfangen zu arbeiten
early   früh
have breakfast   frühstücken
have lunch   zu Mittag essen
have dinner/ supper   zu Abend essen
finish work   aufhören zu arbeiten
go to bed   ins Bett gehen

2

on Monday   am Montag, montags
Tuesday   Dienstag
Thursday   Donnerstag
part-time   Teilzeit

full-time	Vollzeit, ganztags
retired	im Ruhestand, pensioniert
housewife	Hausfrau
Wednesday	Mittwoch
Friday	Freitag
Saturday	Samstag/Sonnabend
Sunday	Sonntag

3

free time	Freizeit
in the evening	am Abend, abends
in the morning	am Morgen, morgens
in the afternoon	am Nachmittag, nach-mittags
often	oft
watch TV	fernsehen
read	lesen
always	immer
go to a class	einen Kurs besuchen
gymnastics	Gymnastik
sometimes	manchmal
never	nie
listen to music	Musik hören
listen to the radio	Radio hören
garden	Garten

UNIT 17

Übersetzung des Präsentationsdialogs

Ann   Ich frühstücke nicht oft viel.
Ich habe normalerweise keine Zeit, wenn ich zu Hause bin. Wie ist es mit Ihnen?

Inge   Ich esse nicht viel zu Mittag. Aber ich frühstücke immer gut.

Ann   In Großbritannien essen wir normaler-weise keinen Käse und keinen Auf-schnitt zum Frühstück.

Inge   Und die Leute trinken keinen Kaffee, nur Tee. Ist das richtig?

Ann   Einige Leute trinken Tee, einige trinken Kaffee. Aber sie trinken oft Pulverkaffee.

Inge   Wie ist es mit dem Abendessen?

Ann   Nun, das Abendessen ist oft eine warme Mahlzeit.

Inge   Sie meinen die Leute essen nicht Brot und Käse und Wurst?

Ann   Gewöhnlich nicht.

Inge   Das ist unser normales Abendessen. Und Bruno trinkt eine Flasche Bier.

Ann   Die Leute trinken normalerweise kein Bier zum Abendessen in Großbritan-nien. Ich mag Bier nicht besonders. Aber ich mag Wein.

Wortliste

I don't eat	ich esse nicht

1

when	wenn
have a big lunch	viel zu Mittag essen
have a good breakfast	gut/reichhaltig frühstücken

2

cheese	Käse
sausage	Wurst
for breakfast	zum Frühstück
drink	trinken
only	nur
have tea	Tee trinken
instant coffee	Pulverkaffee, löslicher Kaffee
ham	Schinken
bacon and eggs	Speck und Eier
roll	Brötchen
jam	Marmelade
muesli	Müsli
cornflakes	Cornflakes
fruit	Obst
fish	Fisch

3

You mean ...	Sie meinen/wollen sagen ...
have bread	Brot essen
normal	normal, gewöhnlich, üblich
a bottle of beer	eine Flasche Bier

with their supper	zum Abendessen
I don't like beer much.	Ich mag Bier nicht besonders.; Ich trinke Bier nicht besonders gern.
like	mögen, gern (essen/trinken)

UNIT 18

Übersetzung des Präsentationsdialogs

Inge   Erzählen Sie mir von Ihrem Sohn.

Ann   Nun, er wohnt in Ebersberg und arbeitet in München. Er arbeitet viel. Aber am Wochenende macht er viel Sport. Im Sommer geht er auf dem Chiemsee Windsurfen. Im Herbst geht er in den Bergen wandern. Und im Winter und im Frühling geht er Ski fahren. Seine Frau mag Musik. Sie singt in einem Chor. Manchmal gehen sie zu Konzerten in München.

Inge   In Bayern kann man gut leben.

Ann   Und Euskirchen?

Inge   Nun, man kann in der Eifel wandern oder manchmal Ski fahren.
Aber Euskirchen ist nicht München.

Ann   Was ist ein typischer Sonntag für Sie?

Inge   Nun, im Winter ist der Sonntag ruhig. Ich stehe spät auf und frühstücke mit Bruno. Dann lese ich vielleicht die Wochenendzeitung. Ich gehe in die Kirche. Dann koche ich das Mittagessen und vielleicht backe ich einen Kuchen. Nach dem Mittagessen gehe ich oft mit Bruno und dem Hund spazieren. Dann telefoniere ich oder schreibe einen Brief an meine Tochter. Am Abend sehen wir oft fern.
Aber im Sommer ist es anders.

Wortliste

1

a lot	viel; sehr
at the weekend	am Wochenende
he does sport	er macht/treibt Sport
summer	Sommer
go wind-surfing	Windsurfen gehen
autumn	Herbst
go hiking	wandern gehen
mountain	Berg
winter	Winter
spring	Frühling
go skiing	Ski fahren gehen
concert	Konzert
Bavaria is a nice place to live.	In Bayern kann man gut leben.

2

You can go hiking.	Man kann wandern gehen.
typical	typisch
quiet	ruhig
then	dann
newspaper	Zeitung
go to church	in die Kirche gehen
cook	kochen
make a cake	einen Kuchen backen
make	machen, anfertigen, herstellen
cake	Kuchen
after	nach
after lunch	nach dem Mittagessen
go for a walk	spazieren gehen, einen Spaziergang machen
phone	telefonieren
write	schreiben
letter	Brief
to my daughter	an meine Tochter
different	anders

UNIT 19

Übersetzung des Präsentationsdialogs

Ann	Das Schiff macht morgen in Madeira halt.
Inge	Ja. Es ist schön dort.
Ann	Ach, Sie kennen es?
Inge	Ja. Jedes Jahr im Winter machen wir Urlaub in der Sonne. Bruno mag den Winter nicht. Er mag die Kälte nicht. Er mag den Sommer am liebsten.
Ann	Mir macht die Kälte nichts aus. Aber ich mag die Hitze nicht.
Ann	Wie ist das Klima in Madeira?
Inge	Es wird nicht zu heiß. Es wird nicht zu kalt. Es schneit nicht.
Ann	Wie ist es mit Regen?
Inge	Es regnet. Aber es regnet nicht zu viel. Es ist schön warm.
Ann	Was sollen wir in Funchal tun?
Inge	Nun, es gibt einen sehr schönen Markt. Sollen wir dorthin gehen?
Ann	Ja, das ist eine nette Idee.
Inge	Und sollen wir die Kathedrale besuchen?
Ann	Lieber nicht, wenn es Ihnen nichts ausmacht.
Inge	Okay, lassen Sie uns zum Markt gehen.
Ann	Wir können Reiseandenken kaufen.
Inge	Bruno will etwas Madeirawein kaufen.

Wortliste

What's the weather like?	Wie ist das Wetter?

1

stop	anhalten, haltmachen, stoppen, aufhören
tomorrow	morgen
know	kennen; wissen
every	jede/r/s
year	Jahr
have a holiday	(einen) Urlaub machen
sun	Sonne
doesn't like	mag nicht
cold	Kälte
like best	am liebsten haben/mögen
I don't mind the cold.	Mir macht die Kälte nichts aus.; Ich habe nichts gegen die Kälte.
heat	Hitze

2

climate	Klima
it doesn't get	es wird nicht
get	werden
it doesn't snow	es schneit nicht
snow	schneien
rain	Regen; regnen
it doesn't rain	es regnet nicht
nice and warm	schön warm

3

shall	sollen
market	Markt
idea	Idee
cathedral	Kathedrale, Dom
I'd rather not	(ich würde) lieber nicht
if you don't mind	wenn es Ihnen nichts ausmacht
if	wenn
Let's ...	Lasst uns/Lassen Sie uns ...
buy	kaufen
souvenir	Reiseandenken, Souvenir
want to	wollen
Bruno wants to buy ...	Bruno will ... kaufen

UNIT 21

Übersetzung des Präsentationsdialogs

Inge	Postkarten für Ihre Familie, Mary?
Mary	Ja. Eine für meine Enkelsöhne, eine für meine Enkeltöchter.
Inge	Sehen Sie Ihre Familie oft?
Mary	Ja (tue ich). Sie wohnen alle in der Nähe.

Inge	Das ist schön.
Mary	Sehen Sie und Bruno Ihre Tochter oft?
Inge	Nein (tun wir nicht), leider. Etwa einmal im Jahr. Boston ist so weit weg.

Ann	Hier ist der Ladenbesitzer.
Bruno	Prego, Signora Maria.
Ann	Maria? Kennst du diesen Mann, Mary?
Mary	Nein (tue ich nicht). Warte mal einen Augenblick! Doch!
Bruno	Olé!
Ann	Bruno!

Mary	„Prego"? Das ist Italienisch.
Ann	Und „olé" ist Spanisch. Wir sind in einem Teil von Portugal, Bruno!
Bruno	Ja, aber ich spreche kein Portugiesisch.
Ann	Sprechen Sie hier Englisch?
Inge	Ja (tun sie), ich bin sicher.
Ann	Verstehen Sie Deutsch?
Bruno	Nein (tun sie nicht).

Wortliste

Do you know ...?	Kennen Sie ...?

1

postcard	Postkarte
nearby	in der Nähe, nahebei
Do you often see ...?	Sehen Sie ... oft?
Yes, I do.	Ja (tue ich).; Doch!
No, we don't.	Nein (tun wir nicht).
once a year	einmal im Jahr
far away	weit weg
twice	zweimal
week	Woche
three times	dreimal
month	Monat

2

shopkeeper	Ladenbesitzer/in
Prego, signora Maria?	Bitte schön, Frau Maria? (= *Italienisch*)
Do you know ...?	Kennst du ...?
No, I don't.	Nein (tue ich nicht).

Wait!	Warte mal!
moment	Augenblick, Moment
quite well	ziemlich gut

3

part	Teil
Portugal	Portugal
Portuguese	Portugiesisch
Do they speak English?	Sprechen sie Englisch?
Yes, they do.	Ja (tun sie).
I'm sure	ich bin (mir) sicher
Do they understand?	Verstehen Sie?
No, they don't.	Nein (tun sie nicht).

UNIT 22

Übersetzung des Präsentationsdialogs

Inge	Sind das Ihr Sohn und seine Frau?
Ann	Ja.
Inge	Vermisst er England?
Ann	Nein (tut er nicht). Es gefällt ihm in Bayern.
Inge	Spricht seine Frau Englisch?
Ann	Ja (tut sie). Aber leider kommen wir nicht gut miteinander aus.
Inge	Das tut mir leid. Macht das die Dinge sehr schwierig, wenn Sie sie sehen?
Ann	Ja (tut es), leider. Und Sie? Verstehen Sie und Bruno sich mit Ihrem Schwiegersohn?
Inge	Ja (tun wir). Wir haben viel Glück. Bruno mag Glenn sehr.
Ann	Spricht Glenn Deutsch?
Inge	Nein (tut er nicht).
Ann	Nun, Sie und Bruno sprechen Englisch, also ist es kein Problem. Vermisst Ihre Tochter Deutschland?
Inge	Nein (tut sie nicht). Aber ich vermisse sie manchmal. Sie ist sehr glücklich in Amerika. Sie will dort bleiben.

Inge	Schauen Sie. Dies ist ein Foto von ihr.
Ann	Sie ist aber hübsch.
Inge	Und das ist Glenn. Sehen Sie sich ihn an. Ich mag ihn mit dem Hut.
Ann	Ja. Ist das nicht schön?
Inge	Dies ist ein Foto von uns in ... Ach ich kann mich jetzt nicht an den Namen des Ortes erinnern. Ich muss sie fragen, wenn ich sie wiedersehe.

Wortliste

1

Does he miss England?	Vermisst er England?
No, he doesn't.	Nein (tut er nicht).
Does his wife speak English?	Spricht seine Frau Englisch?
Yes, she does.	Ja (tut sie).
We don't get on very well.	Wir kommen nicht gut miteinander aus.
Does that make things difficult?	Macht das die Dinge schwierig?
thing	Ding, Sache
difficult	schwierig
them	sie
Yes, it does.	Ja (tut es).
We're lucky.	Wir haben Glück.
Bruno likes Glenn a lot.	Bruno mag Glenn sehr.
problem	Problem
No, she doesn't.	Nein (tut sie nicht).
her	sie
happy	glücklich
stay	bleiben; übernachten

2

Look!	Schauen Sie!
photo of her	Foto von ihr
Isn't she pretty?	Sie ist aber hübsch.
pretty	hübsch
Look at him.	Sehen/Schauen Sie ihn an.
him	ihn, ihm
that	jene/r/s (dort); diese/r/s
hat	Hut
us	uns

remember	sich erinnern (an)
ask	fragen, befragen
jacket	Jacke, Jackett
skirt	Rock
shirt	Hemd
pair of trousers	Hose
smart	schic
unusual	ungewöhnlich

UNIT 23

Übersetzung des Präsentationsdialogs

Mary	Entschuldigen Sie. Gehören Sie zu dem deutschen Kegelverein?
Mann	Nein, leider nicht.
Mary	Ach, Entschuldigung.
Mann	Keine Ursache.
Mary	Entschuldigen Sie. Gehören Sie zu dem deutschen Kegelverein?
Mann	Ja.
Mary	Ach gut. Können Sie mir bitte helfen? Ich suche Inge und Brunos Kabine. Wissen Sie, welche Nummer das ist?
Mann	Ja, es ist Kabine Nummer 337.
Mary	Danke.
Mann	Sie packen im Augenblick. Das heißt, Inge packt und Bruno hilft. Er trinkt (gerade) die letzte Flasche Madeirawein aus und singt ihr etwas vor.
Mary	Ach!

Wortliste

I'm sorry.	Entschuldigung.
That's all right.	Das ist in Ordnung.; Macht nichts.; Keine Ursache.; Schon gut.

2

help	helfen
I'm looking for	ich suche (gerade)
which	welche/r/s

number	Nummer, Zahl, Ziffer
they're packing	sie packen (gerade)
at the moment	im Moment, im Augenblick
or rather	das heißt, oder eigentlich
he's finishing	er trinkt (gerade) aus
the last bottle of	die letzte Flasche Madeira-
Madeira wine	wein
he's singing to her	er singt ihr etwas vor
room	Zimmer, Raum

UNIT 24

Übersetzung des Präsentationsdialogs

Ann Inge, kann ich Ihre Adresse haben?

Inge Sie lautet „In den Hüppen 26, 53879 Euskirchen".

Ann Können Sie den Straßennamen bitte buchstabieren?

Inge Natürlich. Er lautet „In", neues Wort „den", D E N, neues Wort „Hüppen", H U-Umlaut Doppel-P E N.

Ann In den Hüppen. Das ist ein komischer Name.

Inge Ja (ist er). Ich muss ihn auch oft für Deutsche buchstabieren.

Ann Und wie lautet nochmal die Postleitzahl für Euskirchen?

Inge 53879.

Ann 53879. Gut, danke.

Ann Und wie ist Ihre Telefonnummer, bitte?

Inge Sie lautet 02251 – das ist die Vorwahl – und die Nummer lautet 34529.

Ann 02251-34529. Gut.

Inge Und wie ist Ihre Adresse und Telefonnummer, Ann?

Ann Hier haben Sie sie – auf diesem Blatt Papier.

Inge Danke.

Inge Nun, es ist Zeit, auf Wiedersehen zu

sagen. Auf Wiedersehen, Mary. Es war sehr schön, Sie kennenzulernen.

Mary Auf Wiedersehen, Inge.

Inge Wenn Sie Ihren Sohn besuchen, Ann, müssen Sie uns für ein paar Tage besuchen kommen.

Ann Ich würde mich sehr freuen, Sie wiederzusehen. Sie und Bruno müssen in England Urlaub machen.
Im Sommer, Bruno, wenn es warm ist.

Bruno Nun, wir wollen nächstes Jahr Anke in Boston besuchen. Vielleicht werden wir über London fliegen.

Wortliste

Can you spell ...?	Können Sie ... buchstabieren?
new word	neues Wort
double	Doppel-, doppelt
I often have to spell it.	Ich muss ihn oft buchstabieren.
German people	Deutsche
postcode	Postleitzahl

2

What's your telephone number?	Wie ist Ihre Telefonnummer?
code	Vorwahl(nummer)
phone number	= telephone number
piece of paper	Blatt Papier
piece	Stück; Blatt
paper	Papier

3

It was lovely to meet you.	Es war sehr schön, Sie kennen zu lernen.
You must come and visit us.	Sie müssen uns besuchen kommen.
for a few days	ein paar Tage (lang)
a few	ein paar
I'd love to	Ich würde sehr gern ... .
fly	fliegen
via	über

WÖRTERVERZEICHNIS ALPHABETISCH

A

a [ə, eɪ]   ein/e   2
– a few   ein paar   24
– a little   ein wenig, ein bisschen   3
– a lot   viel; sehr   18
– a lot of   viel/e   11
about [ə'baʊt]   etwa   9; über, von   11
accent ['æksent]   Akzent   8
address [ə'dres]   Adresse   3
afraid [ə'freɪd]
– I'm afraid (not).   Leider (nicht).   3
after ['ɑːftə]   nach   18
afternoon [ˌɑːftə'nuːn]   Nachmittag   6
– Good afternoon.   Guten Tag. *(am Nachmittag)*   6
– in the afternoon   am Nachmittag, nachmittags   16
again [ə'gen]   wieder, noch einmal   14
ago [ə'gəʊ]   vor
– not long ago   vor kurzem   6
all [ɔːl]   all/e   4
– all right   in Ordnung   23
also ['ɔːlsəʊ]   auch   13
altogether   insgesamt   8
  [ˌɔːltə'geðə]
always ['ɔːlweɪz]   immer   16
am [æm]   bin   1
am (= *ante meridiem*)   vormittags   14
  [ˌeɪ 'em]
an [ən]   ein/e   8
and [ənd]   und   1
animal ['ænɪml]   Tier   13
announcement   Ansage, Ankündigung   14
  [ə'naʊnsmənt]
any ['eni]
– not any   kein/e   11
are [ɑː]   bist, seid, sind   1
arrive [ə'raɪv]   ankommen   14
ask [ɑːsk]   fragen, befragen   22
at [æt]
– at the weekend   am Wochenende   18
– at 11 o'clock   um 11 Uhr   14
– at home   zu Hause   17
– at the moment   im Moment/Augenblick   23
Australia [ɒ'streɪliə]   Australien   1
Austria ['ɒstriə]   Österreich   1
autumn ['ɔːtəm]   Herbst   18
away [ə'weɪ]   weg   21
awful ['ɔːfl]   schrecklich   13

B

bacon and eggs   Speck und Eier   17
  [ˌbeɪkən ənd 'egz]
bad [bæd]   schlecht   6
bar [bɑː]   Bar   4
Bavaria [bə'veəriə]   Bayern   2
be [biː]   sein   4
– be lucky   Glück haben   22
beautiful ['bjuːtɪfl]   schön, herrlich   11
bed [bed]   Bett   16
– go to bed   ins Bett gehen   16
beer [bɪə]   Bier   6
best [best]   beste/r/s   4
– like best   am liebsten haben/mögen   19
big [bɪg]   groß   9
blouse [blauz]   Bluse   8
both [bəʊθ]   beide   7
bottle ['bɒtl]   Flasche   17
– a bottle of beer   eine Flasche Bier   17
boy [bɔɪ]   Junge   13
bread [bred]   Brot   7
breakfast ['brekfəst]   Frühstück   14
– have breakfast   frühstücken   16
Britain ['brɪtn]   Großbritannien   1
brother ['brʌðə]   Bruder   2
building ['bɪldɪŋ]   Gebäude   11
but [bʌt]   aber   7
butter ['bʌtə]   Butter   7
buy [baɪ]   kaufen   19
Bye-bye. [ˌbaɪ'baɪ]   Wiedersehen.; Tschüss.   4

C

cabin ['kæbɪn]   Kabine   6
cake [keɪk]   Kuchen   18
– make a cake   einen Kuchen backen   18
called [kɔːld]   namens, genannt   13
can [kæn]   können   3
can't [kɑːnt]   Verneinung von *can*   12

Canada ['kænədə]   Kanada 1
carnival ['kɑ:nɪvl]   Karneval 11
carnival club   Karnevalsverein, Faschings-
  ['kɑ:nɪvl klʌb]   gesellschaft 4
castle ['kɑ:sl]   Burg, Schloss 11
cat [kæt]   Katze 13
cathedral [kə'θi:drəl]   Kathedrale, Dom 19
cheese [tʃi:z]   Käse 17
child, children   Kind, Kinder 13
  [tʃaɪld]
choir ['kwaɪə]   Chor 4
church [tʃɜ:tʃ]   Kirche 4
– go to church   in die Kirche gehen 18
church group   Kirchenkreis 4
  ['tʃɜ:tʃ gru:p]
cinema ['sɪnəmə]   Kino 11
– go to the cinema   ins Kino gehen 12
city ['sɪti]   Großstadt 9
class [klɑ:s]   Kurs, Klasse 8
– go to a class   einen Kurs besuchen 16
climate ['klaɪmət]   Klima 19
club [klʌb]   Klub, Verein 4
coach [kəʊtʃ]   (Reise-)Bus 4
code [kəʊd]   Vorwahl(nummer) 24
coffee ['kɒfi]   Kaffee 6
cold [kəʊld]   kalt 13; Kälte 19
college ['kɒlɪdʒ]   College 12
Cologne [kə'ləʊn]   Köln 1
come [kʌm]   kommen 2
concert ['kɒnsət]   Konzert 18
cook [kʊk]   kochen 18
cornflakes   Cornflakes 17
  ['kɔ:nfleɪks]
countryside   Landschaft 11
  ['kʌntrisaɪd]
couple ['kʌpl]   Ehepaar 8
course [kɔ:s]
– of course   natürlich 7
cousin ['kʌzn]   Cousin/e 2

D

daughter ['dɔ:tə]   Tochter 2
daughter-in-law   Schwiegertochter 2
  ['dɔ:tər ɪn lɔ:]
day [deɪ]   Tag 16
dear [dɪə]
– Oh dear.   Oh schade.; Oh je. 13
different ['dɪfrənt]   anders 18

difficult ['dɪfɪkəlt]   schwierig 22
dinner ['dɪnə]   *(festliches)* Abendessen 14
– have dinner   zu Abend essen 16
divorced [dɪ'vɔ:st]   geschieden 13
do [du:]   tun, machen, unternehmen 11
– do sport   Sport machen/treiben 18
doesn't [dʌznt]
– doesn't like   mag nicht 19
dog [dɒg]   Hund 13
don't [dəʊnt]
– I don't eat ... .   Ich esse ... nicht. 17
double ['dʌbl]   Doppel-, doppelt 24
dress [dres]   Kleid 8
drink [drɪŋk]   Getränk 12; trinken 17

E

early ['ɜ:li]   früh 16
east [i:st]   Osten 9
east Germany   Ostdeutschland 9
  [i:st 'dʒɜ:məni]
east of ['i:st əv]   östlich von 9
eat [i:t]   essen 17
egg [eg]   Ei 17
eight [eɪt]   acht 8
eighteen [ˌeɪ'ti:n]   achtzehn 8
eighty ['eɪti]   achtzig 9
eleven [ɪ'levn]   elf 8
else [els]
– What else?   Was sonst (noch)? 11
England ['ɪŋglənd]   England 1
English ['ɪŋglɪʃ]   englisch, Englisch 3
Englishman   Engländer 8
  ['ɪŋglɪʃmən]
Englishwoman   Engländerin 8
  ['ɪŋglɪʃwʊmən]
evening ['i:vnɪŋ]   Abend 6
– in the evening   am Abend, abends 16
every ['evri]   jede/r/s 19
Excuse me, ...   Entschuldigen Sie, ... 3
  [ɪk'skju:z mi]

F

family ['fæməli]   Familie 12
famous ['feɪməs]   berühmt, bedeutend 11
far [fɑ:]   weit 9
fat [fæt]   dick 7
few [fju:]
– a few   ein paar 24

fifteen [ˌfɪfˈtiːn]   fünfzehn 8
fifty [ˈfɪfti]   fünfzig 9
fine [faɪn]   gut 6; (ganz) in Ordnung 13
finish [ˈfɪnɪʃ]   aufhören 16; austrinken, leermachen 23
– finish work   aufhören zu arbeiten 16
first name [ˈfɜːst neɪm]   Vorname 3
fish [fɪʃ]   Fisch 17
five [faɪv]   fünf 8
fly [flaɪ]   fliegen 24
football club [ˈfʊtbɔːl klʌb]   Fußballverein 12
football team [ˈfʊtbɔːl tiːm]   Fußballmannschaft 11
for [fɔː]   für 13
– for a few days   ein paar Tage 24
– for breakfast   zum Frühstück 17
forty [ˈfɔːti]   vierzig 9
four [fɔː]   vier 8
fourteen [ˌfɔːˈtiːn]   vierzehn 8
France [frɑːns]   Frankreich 1
free time [ˌfriː ˈtaɪm]   Freizeit 16
French [frentʃ]   französisch, Französisch 3
Friday [ˈfraɪdeɪ]   Freitag 16
friend [frend]   Freund/in; Bekannte/r 2
from [frəm]   von, her, aus 1
fruit [fruːt]   Obst 17
full [fʊl]   voll 16
full-time [ˌfʊl ˈtaɪm]   Vollzeit, ganztags 16
funny [ˈfʌni]   lustig; komisch 13

G

garden [ˈgɑːdn]   Garten 16
German [ˈdʒɜːmən]   deutsch; Deutsch/e/r 2
Germany [ˈdʒɜːməni]   Deutschland 1
get [get]   werden 19
get on [ˌget ˈɒn]   sich verstehen, miteinander auskommen 22
get up [ˌget ˈʌp]   aufstehen 16
girl [gɜːl]   Mädchen 13
go [gəʊ]   gehen, fahren 4
– go for a drink   etwas trinken gehen 12
– go for a meal   essen gehen 12
– go for a walk   spazieren gehen, einen Spaziergang machen 18
– go hiking   wandern gehen 18
– go shopping   einkaufen gehen 12
– go skiing   Ski fahren gehen 18
– go to a class   einen Kurs besuchen 16
– go to bed   ins Bett gehen 16
– go to church   in die Kirche gehen 18
– go to the cinema   ins Kino gehen 12
– go to the theatre   ins Theater gehen 12
– go wind-surfing   Windsurfen gehen 18
good [gʊd]   gut 3
good-looking [ˌgʊdˈlʊkɪŋ]   gut aussehend 7
– Good morning/ afternoon/evening.   Guten Morgen/Tag/Abend. 4
Goodbye. [ˌgʊdˈbaɪ]   Auf Wiedersehen. 4
grandchildren [ˈgrændtʃɪldrən]   Enkelkinder 13
granddaughter [ˈgrænddɔːtə]   Enkeltochter 2
grandson [ˈgrændsʌn]   Enkelsohn 2
group [gruːp]   Gruppe, Kreis 4
gymnastics [dʒɪmˈnæstɪks]   Gymnastik 16

H

half [hɑːf]   halb; Hälfte 14
– eight and a half   achteinhalb 14
– half past seven   halb acht 14
ham [hæm]   Schinken 17
happy [ˈhæpi]   glücklich 22
has [hæz]   hat 13
hat [hæt]   Hut 22
have [hæv]   haben 2; essen, trinken 17
– have a holiday   (einen) Urlaub machen 19
– have breakfast   frühstücken 16
– have dinner   zu Abend essen 16
– have lunch   zu Mittag essen 16
– have supper   zu Abend essen 16
– have to   müssen 24
he [hiː]   er 2
he's (= he is) [hiːz]   er ist 2
heat [hiːt]   Hitze 19
hello [həˈləʊ]   Hallo; Guten Tag. 1
help [help]   helfen 23
her [hɜː]   ihr/e 2; sie, ihr 22
here [hɪə]   hier 4
Here you are. [hɪə ju ˈɑː]   Bitte schön/sehr. 7
hiking [ˈhaɪkɪŋ]
– go hiking   wandern gehen 18

hiking club ['haɪkɪŋ klʌb]	Wanderverein	*4*
him [hɪm]	ihn, ihm	*22*
his [hɪz]	sein/e	*2*
holiday ['hɒlədeɪ]	Urlaub	*19*
– have a holiday	(einen) Urlaub machen	*19*
home [həʊm]	Heim, Zuhause	*17*
– at home	zu Hause	*17*
hot [hɒt]	heiß, warm	*13*
hotel [həʊ'tel]	Hotel	*4*
hour ['aʊə]	Stunde	*14*
house [haʊs]	Haus	*11*
housewife ['haʊswaɪf]	Hausfrau	*16*
how [haʊ]	wie	*6*
– How are you?	Wie geht es dir/euch/Ihnen?	*6*
– How many?	Wie viele?	*8*
hundred ['hʌndrəd]	hundert	*9*
husband ['hʌzbənd]	Ehemann	*2*

I

I [aɪ]	ich	*1*
I'm = I am [aɪm]	ich bin	*1*
idea [aɪ'dɪə]	Idee	*19*
if [ɪf]	wenn	*19*
in [ɪn]	in	*2*
– in English	auf Englisch	*4*
– in the afternoon	am Nachmittag, nachmittags	*16*
– in the evening	am Abend, abends	*16*
– in the morning	am Morgen, morgens	*16*
instant coffee ['ɪnstənt kɒfi]	Pulverkaffee, löslicher Kaffee	*17*
instead of [ɪn'sted əv]	anstatt, anstelle von	*14*
interesting ['ɪntrəstɪŋ]	interessant	*11*
is [ɪz]	ist	*1*
isn't [ɪznt]	ist nicht	*6*
it [ɪt]	es	*3*
Italian [ɪ'tælɪən]	italienisch, Italienisch, Italiener/in	*3*
Italy ['ɪtəli]	Italien	*1*

J

jacket ['dʒækɪt]	Jacke, Jackett	*22*
jam [dʒæm]	Marmelade	*17*
juice [dʒuːs]	Saft	*6*
just [dʒʌst]	gerade	*12*
– just now	gerade im Moment	*12*

K

kilometre ['kɪləmiːtə]	Kilometer	*9*
know [nəʊ]	wissen *12,* kennen *19*	

L

last [lɑːst]	letzte/r/s	*6*
– last night	letzte Nacht, gestern Abend	*6*
late [leɪt]	(zu) spät, verspätet	*13*
later ['leɪtə]	später	*4*
leave [liːv]	(ab)fahren, verlassen	*14*
let [let]	lassen	*8*
– Let me see.	Lass mal sehen.	*8*
– Let's …	Lasst/Lassen Sie uns …	*19*
letter ['letə]	Brief	*18*
like [laɪk]	wie *12;* mögen, gern essen/ trinken	*17*
– like best	am liebsten haben/mögen	*19*
– What's … like?	Wie ist …?	*19*
– Would you like …?	Möchten Sie …?	*6*
listen ['lɪsn]		
– listen to music	Musik hören	*16*
– listen to the radio	Radio hören	*16*
little ['lɪtl]		
– a little	ein wenig, ein bisschen	*3*
live [lɪv]	wohnen; leben	*9*
long [lɒŋ]	lang/e	*14*
look [lʊk]	(hin)sehen, (hin)schauen	*22*
– look at	ansehen, anschauen	*22*
– look for	suchen	*23*
lost [lɒst]	verlor	*6*
lot [lɒt]		
– a lot	viel; sehr	*18*
– a lot of	viel/e	*11*
love [lʌv]		
– I'd love to … .	Ich würde sehr gern … .	*24*
lovely ['lʌvli]	schön, herrlich	*12*
lucky ['lʌki]		
– be lucky	Glück haben	*22*
lunch [lʌntʃ]	Mittagessen	*14*
– after lunch	nach dem Mittagessen	*18*
– have lunch	zu Mittag essen	*16*

M

make [meɪk]	machen, anfertigen, herstellen	*18*
– make a cake	einen Kuchen backen	*18*
man [mæn]	Mann	*7*
many ['meni]	viele	*8*
market ['mɑːkɪt]	Markt	*19*

married ['mærɪd]	verheiratet	7
me [miː]	mich	3
meal [miːl]	Mahlzeit, Essen	12
mean [miːn]	meinen	17
medium-sized ['miːdɪəmsaɪzd]	mittelgroß	9
meet [miːt]	kennen lernen, treffen, begegnen	1
member ['membə]	Mitglied	4
– **a member of a club**	Mitglied in einem Verein	4
men [men]	Mehrzahl von *man*	8
middle ['mɪdl]	Mitte	9
milk [mɪlk]	Milch	6
mind [maɪnd]		
– **I don't mind … .**	Mir macht … nichts aus.; Ich habe nichts gegen … .	19
– **if you don't mind**	wenn es Ihnen nichts ausmacht	19
minute ['mɪnɪt]	Minute	14
miss [mɪs]	vermissen	22
modern ['mɒdn]	modern	11
moment ['məʊmənt]	Moment, Augenblick	21
– **at the moment**	im Moment/Augenblick	23
Monday ['mʌndeɪ]	Montag	16
month [mʌnθ]	Monat	21
morning ['mɔːnɪŋ]	Morgen	6
– **in the morning**	am Morgen, morgens	16
mountain ['maʊntɪn]	Berg	18
much [mʌtʃ]	viel	6
muesli ['mjuːzli]	Müsli	17
Munich ['mjuːnɪk]	München	1
museum [mjuː'zɪəm]	Museum	4
music ['mjuːzɪk]	Musik	4
music club ['mjuːzɪk klʌb]	Musikverein	4
must [mʌst]	müssen	4
my [maɪ]	mein/e	1

N

name [neɪm]	Name	1
– **first name**	Vorname	3
– **What's your name?**	Wie heißen Sie?	3
near [nɪə]	in der Nähe von, nahe (bei)	1
nearby ['nɪəbaɪ]	nahebei	21
neighbour ['neɪbə]	Nachbar/in	4
never ['nevə]	nie	16
new [njuː]	neu	11

newspaper ['njuːspeɪpə]	Zeitung	18
next [nekst]	nächste/r/s	14
next to ['nekst tə]	neben	7
nice [naɪs]	nett, schön	1
– **Nice to meet you.**	Nett, Sie kennenzulernen.	1
– **nice and warm**	schön warm	19
night [naɪt]	Nacht	6
– **last night**	gestern Abend, letzte Nacht	6
night club ['naɪt klʌb]	Nachtlokal	11
nine [naɪn]	neun	8
nineteen [ˌnaɪn'tiːn]	neunzehn	8
ninety ['naɪnti]	neunzig	9
no [nəʊ]	nein 1; kein/e	13
noisy ['nɔɪzi]	laut	13
normal ['nɔːml]	normal, gewöhnlich, üblich	17
north [nɔːθ]	Norden	9
– **north of**	nördlich von	9
not [nɒt]	nicht	1
now [naʊ]	jetzt, nun	4
number ['nʌmbə]	Nummer, Zahl, Ziffer	23

O

o'clock [ə'klɒk]		
– **10 o'clock**	10 Uhr	14
– **at 11 o'clock**	um 11 Uhr	14
of [əv]	von	3
– **a member of a club**	Mitglied in einem Verein	4
of course [əf 'kɔːs]	natürlich	7
often ['ɒfn]	oft	16
oh [əʊ]	ach, oh je	2
OK [ˌəʊ'keɪ]	OK, okay, in Ordnung	4
old [əʊld]	alt	7
on [ɒn]		
– **on (Mon)day**	am (Mon)tag, (mon)tags	16
once [wʌns]	einmal	21
– **once a year**	einmal im Jahr	21
one [wʌn]	eins	8
only ['əʊnli]	nur	17
or [ɔː]	oder	6
originally [ə'rɪdʒənəli]	ursprünglich	9
our ['aʊə]	unser/e	6
over there [ˌəʊvə 'ðeə]	da/dort drüben	2

P

pack [pæk]   packen *23*

pair of trousers   Hose *22*
  [ˌpeər əv 'trauzəz]

paper ['peɪpə]   Papier *24*

– piece of paper   Blatt Papier *24*

park [pɑːk]   Park(anlage) *11*

part [pɑːt]   Teil *21*

part-time [ˌpɑːt'taɪm]   Teilzeit *16*

past [pɑːst]

– past seven   nach sieben *14*

people ['piːpl]   Leute, Personen *7*

pepper ['pepə]   Pfeffer *7*

perhaps [pə'hæps]   vielleicht, eventuell *12*

phone [fəʊn]   telefonieren *18*

phone number   Telefonnummer *24*
  = telephone number
  ['fəʊn nʌmbə]

photo ['fəʊtəʊ]   Foto *12*

piece [piːs]   Stück, Stückchen *24*

place [pleɪs]   Ort, Platz, Stelle *9*

plane [pleɪn]   Flugzeug *14*

please [pliːz]   bitte *6*

– Yes, please.   Ja bitte; Ja gerne. *6*

pm *(= post meridiem)*   nachmittags, abends *14*
  [ˌpiː 'em]

Portugal ['pɔːtʃʊgl]   Portugal *21*

Portuguese   portugiesisch, Portugiesisch *21*
  [ˌpɔːtʃu'giːz]

postcard ['pəʊstkɑːd]   Postkarte *21*

postcode   Postleitzahl *24*
  ['pəʊstkəʊd]

pretty ['prɪti]   hübsch *22*

problem ['prɒbləm]   Problem *22*

pronunciation   Aussprache *8*
  [prəˌnʌnsi'eɪʃn]

pub [pʌb]   Pub, Kneipe, Gaststätte *11*

pullover ['pʊləʊvə]   Pullover *8*

Q

quarter ['kwɔːtə]   Viertel *14*

quiet ['kwaɪət]   ruhig *18*

quite [kwaɪt]   ziemlich *21*

R

radio ['reɪdiəʊ]   Radio *16*

rain [reɪn]   Regen; regnen *19*

rather ['rɑːðə]

– I'd rather not ...   (Ich würde) lieber nicht ... *19*

– or rather   das heißt, oder eigentlich *23*

read [riːd]   lesen *16*

really ['rɪəli]   wirklich, tatsächlich *2;* eigent-
                   lich *11*

relative ['relətɪv]   Verwandte/r *13*

remember   sich erinnern (an); an ...
  [rɪ'membə]   denken *22*

restaurant ['restrɒnt]   Restaurant *4*

retired [rɪ'taɪəd]   in Ruhestand, pensioniert *16*

right [raɪt]   richtig *3*

– all right   in Ordnung *23*

river ['rɪvə]   Fluss *11*

roll [rəʊl]   Brötchen *17*

room [ruːm]   Zimmer, Raum *23*

S

salt [sɔːlt]   Salz *7*

Saturday ['sætədeɪ]   Samstag/Sonnabend *16*

sausage ['sɒsɪdʒ]   Wurst *17*

say [seɪ]   sagen *8*

see [siː]   sehen *8*

– See you later.   Bis später. *4*

seven ['sevn]   sieben *8*

seventeen [ˌsevn'tiːn]   siebzehn *8*

seventy ['sevnti]   siebzig *9*

shall [ʃəl]   sollen *19*

she [ʃiː]   sie *2*

she's (= she is) [ʃiːz]   sie ist *2*

ship [ʃɪp]   Schiff *14*

shirt [ʃɜːt]   Hemd *22*

shop [ʃɒp]   Geschäft, Laden *11*

shopkeeper   Ladenbesitzer/in *21*
  ['ʃɒp kiːpə]

shopping ['ʃɒpɪŋ]

– go shopping   einkaufen gehen *12*

short [ʃɔːt]   kurz *7*

sing [sɪŋ]   singen *23*

single ['sɪŋgl]   alleinstehend *7*

sister ['sɪstə]   Schwester *2*

six [sɪks]   sechs *8*

sixteen [ˌsɪk'stiːn]   sechzehn *8*

sixty ['sɪksti]   sechzig *9*

ski club ['skiː klʌb]   Skiverein *4*

skiing ['skiːɪŋ]   Skifahren *18*

– go skiing   Ski fahren gehen *18*

skirt [skɜːt]   Rock *22*

skittles club ['skɪtlz klʌb]	Kegelverein *4*	
slim [slɪm]	schlank *7*	
small [smɔːl]	klein *9*	
smart [smɑːt]	schic *22*	
snow [snəʊ]	schneien *19*	
so [səʊ]	so *6;* also *13*	
some [sʌm]	etwas *6;* einige, ein paar *11*	
sometimes ['sʌmtaɪmz]	manchmal *16*	
son [sʌn]	Sohn *2*	
son-in-law ['sʌn ɪn lɔː]	Schwiegersohn *2*	
sorry ['sɒri]		
– I'm sorry.	Es/Das tut mir leid. *6;* Entschuldigung. *23*	
south [saʊθ]	Süden *9*	
south of ['saʊθ əv]	südlich von *9*	
southwest of [ˌsaɪθ'west əv]	südwestlich von *9*	
souvenir [ˌsuːvə'nɪə]	Reiseandenken, Souvenir *19*	
Spain [speɪn]	Spanien *1*	
Spanish ['spænɪʃ]	spanisch, Spanisch *3*	
speak [spiːk]	sprechen *3*	
spell [spel]	buchstabieren *24*	
sport [spɔːt]	Sport *18*	
– do sport	Sport machen/treiben *18*	
sports centre ['spɔːts sentə]	Sportzentrum *11*	
sports club ['spɔːts klʌb]	Sportverein *4*	
spring [sprɪŋ]	Frühling *18*	
start [stɑːt]	anfangen, beginnen *16*	
– start work	anfangen zu arbeiten *16*	
stay [steɪ]	bleiben; übernachten *22*	
stop [stɒp]	anhalten, stoppen; aufhören *19*	
street [striːt]	Straße *3*	
sugar ['ʃʊgə]	Zucker *7*	
summer ['sʌmə]	Sommer *18*	
sun [sʌn]	Sonne *19*	
Sunday ['sʌndeɪ]	Sonntag *16*	
supper ['sʌpə]	Abendessen *16*	
– have supper	zu Abend essen *16*	
sure [ʃʊə]	sicher *21*	
surname ['sɜːneɪm]	Familienname *3*	
swimming pool ['swɪmɪŋ puːl]	Schwimmbad *11*	

Switzerland ['swɪtsələnd]	die Schweiz *1*	

T

tall [tɔːl]	groß (gewachsen) *7*	
Tangier [tæn'dʒɪə]	Tanger *14*	
tea [tiː]	Tee *6*	
teacher ['tiːtʃə]	Lehrer/in *4*	
team [tiːm]	Mannschaft *11*	
telephone ['telɪfəʊn]	Telefon *24*	
tell [tel]	erzählen *11*	
ten [ten]	zehn *8*	
thank you; thanks ['θæŋk ju, θæŋks]	danke *6*	
that [ðæt]	das *1;* jene/r/s; diese/r/s *22*	
the [ðə, ði]	der, die, das *1*	
theatre ['θɪətə]	Theater *11*	
– go to the theatre	ins Theater gehen *12*	
their [ðeə]	ihr/e *7*	
them [ðem]	sie *22*	
then [ðən]	dann *18*	
there [ðeə]	da, dort; dorthin *2*	
– there is	es gibt *11*	
– there are	es gibt *8*	
they [ðeɪ]	sie *4*	
thing [θɪŋ]	Ding, Sache *22*	
thirteen [ˌθɜː'tiːn]	dreizehn *8*	
thirty ['θɜːti]	dreißig *9*	
this [ðɪs]	dies, das; diese/r/s *3*	
– this morning/ afternoon/evening	heute morgen/nachmittag/ abend *14*	
three [θriː]	drei *8*	
Thursday ['θɜːzdeɪ]	Donnerstag *16*	
time [taɪm]	Zeit *14;* Mal *21*	
tired ['taɪəd]	müde *7*	
to [tə, tʊ, tuː]	zu *1*	
– to bed	ins Bett *16*	
– to eleven	vor elf *14*	
– write to ...	an ... schreiben *18*	
today [tə'deɪ]	heute *6*	
tomorrow [tə'mɒrəʊ]	morgen *19*	
too [tuː]	auch *11;* zu *6*	
tour group ['tʊə gruːp]	Reisegruppe *4*	
town [taʊn]	Stadt *3*	
train [treɪn]	Zug, Eisenbahn *14*	
trousers ['traʊzəz]		
– pair of trousers	Hose *22*	

Tuesday ['tjuːzdeɪ]	Dienstag	*16*
twelve [twelv]	zwölf	*8*
twenty ['twenti]	zwanzig	*8*
twice [twaɪs]	zweimal	*21*
two [tuː]	zwei	*8*
typical ['tɪpɪkl]	typisch	*18*

U

understand [ˌʌndəˈstænd]	verstehen	*21*
United States [juˌnaɪtɪd ˈsteɪts]	Vereinigte Staaten	*1*
university [ˌjuːnɪˈvɜːsəti]	Universität	*12*
unusual [ʌnˈjuːʒʊəl]	ungewöhnlich	*22*
us [ʌs]	uns	*22*
USA [juː es ˈeɪ]	USA	*1*
usually ['juːʒʊəli]	gewöhnlich, normalerweise	*16*

V

very ['veri]	sehr	*6*
via ['vaɪə]	über	*24*
Vienna [viˈenə]	Wien	*1*
village ['vɪlɪdʒ]	Dorf	*9*
visit ['vɪzɪt]	besuchen	*12*

W

wait [weɪt]	warten	*21*
walk [wɔːk]	Spaziergang	*18*
– go for a walk	spazieren gehen, einen Spaziergang machen	*18*
want (to) [wɒnt tə]	wollen	*19*
warm [wɔːm]	warm	*13*
watch [wɒtʃ]	(Armband-)Uhr	*8*
watch TV [wɒtʃ ˌtiːˈviː]	fernsehen	*16*
water ['wɔːtə]	Wasser	*6*
we [wiː]	wir	*4*
weather ['weðə]	Wetter	*19*
Wednesday ['wenzdeɪ]	Mittwoch	*16*
week [wiːk]	Woche	*21*
weekend [ˌwiːkˈend]	Wochenende	*18*
– at the weekend	am Wochenende	*18*
welcome ['welkəm]		
– You're welcome.	Keine Ursache. Bitte sehr/ schön.	*7*
well [wel]	nun *4;* gut	*21*

– I'm not very well.	Mir geht es nicht (sehr) gut.	*6*
west [west]	Westen	*9*
– west of	westlich von	*9*
what [wɒt]	was	*3*
– What about ...?	Was ist mit ...?; Wie ist es mit ...?	*16*
– What's ... in English?	Wie heißt ... auf Englisch?	*4*
– What's your name?	Wie heißen Sie?	*3*
– What is the time?	Wie viel Uhr ist es?	*14*
– What time is dinner?	Um wieviel Uhr ist das Abendessen?	*14*
– What's ... like?	Wie ist ...?	*19*
when [wen]	wann *14;* wenn	*17*
where [weə]	wo, wohin	*1*
– Where are you from?	Woher sind Sie?	*1*
which [wɪtʃ]	welche/r/s	*23*
who [huː]	wer	*7*
wife [waɪf]	Ehefrau	*2*
will [wɪl]	werden	*14*
wind-surfing ['wɪndsɜːfɪŋ]	Windsurfen	*18*
– go wind-surfing	Windsurfen gehen	*18*
wine [waɪn]	Wein	*6*
winter ['wɪntə]	Winter	*18*
with [wɪð, wɪθ]	mit	*4*
– with supper	zum Abendessen	*17*
wives [waɪvz]	Mehrzahl von *wife*	*8*
woman ['wʊmən]	Frau	*8*
women ['wɪmɪn]	Mehrzahl von *woman*	*8*
word [wɜːd]	Wort	*24*
work [wɜːk]	Arbeit; arbeiten	*16*
– finish work	aufhören zu arbeiten	*16*
Would you like ...?	Möchtest du/Möchtet ihr/ Möchten Sie ...?	*6*
write [raɪt]	schreiben	*18*
– write to ...	an ... schreiben	*18*

Y

year [jɪə]	Jahr	*19*
yes [jes]	ja	*1*
you [juː]	du, ihr, Sie *1;* man	*18*
young [jʌŋ]	jung	*7*
your [jɔː]	dein/e, euer, eure, Ihr/e	*3*

Z

Zurich ['zʊərɪk]	Zürich	*1*

LÖSUNGSSCHLÜSSEL DES ÜBUNGSTEILS

UNIT 1

1 1, 4, 2, 3

2
1 is	3 am	5 are, am
2 are	4 am, am	

3
2 No, I'm not.	4 No, I'm not.
3 Yes, I am.	5 Yes, I am.

4
1 Where are you from?
2 Are you from the United States?
3 No, I'm not.
4 I'm (= am) from Germany.
5 My name's (= is) Inge.

UNIT 2

1
1 husband	3 cousin	5 have	7 brother
2 grandson	4 Germany	6 sister	8 friend

Senkrechtes Wort: daughter

2
2 he	4 she	6 she	8 she
3 she	5 he	7 he	

3
1 He's	3 He's	5 He's
2 His	4 His	

4 Her, She's, Her, He's, His

5
1 I have a daughter in the USA.
2 Really?
3 He's in Bavaria, near Munich.
4 Come and meet my friend.

UNIT 3

1 2c, 3a, 4e, 5b

2
A   Excuse me. Can you speak English?
B   Yes, I can. A little.
A   Oh good. What's the name of this street?
B   It's Lenzstraße.
A   Lenzstraße. Is that right?
B   Yes, that's right.

3
1 French	3 Italian	5 English
2 German	4 Spanish	

4
1 Where's, It's	3 Where's	5 What's, It's
2 What's, It's	4 Where's, It's	

UNIT 4

1 bar, hotel, restaurant, museum

2 am, is, is, are, is, is, are, is

3
2 Her husband's first name is Bruno.
3 He is a member of a skittles club.
4 What's the name of the club?
5 The address of my hotel is Museum Street, London.
6 The name of my choir is Allegro Vivace.

4 in, of, near, with, from

5 *Linkes Bild:* They're grandfather and granddaughter. She's with her grandfather. He's from the USA.
Rechtes Bild: She's his mother. They're from Germany. He's her son.

6
2 sports club (*die anderen haben alle mit Musik zu tun*)
3 hello (*die einzige Begrüßung*)
4 street (*die anderen drei bezeichnen Menschen*)

UNIT 6

1 Excuse me. Are you David Barker?
No, I'm afraid not. He's in the restaurant.

2
1 Yes, she is.	4 No, she isn't.
2 No, she isn't.	5 Yes, she is.
3 Yes, she is.	

3
1 Goodbye. (*der einzige Abschiedsgruß*)
2 Yes, please. (*die anderen drei sind Antworten auf die Frage How are you?*)
3 wine (*das einzige alkoholische Getränk*)

4 – Good morning.
  • Good morning. How are you today?
  – I'm fine thanks. And you?
  • Fine thanks. How is your husband?
  – He's not very well, I'm afraid. He's in the hotel.
  • Oh, I'm very sorry. Would you like some coffee?
  – Yes, please.

5 *Waagerecht:* 1 his   2 my   4 our
   Senkrecht: 1 her   3 your

6 1 How are you?
   2 Fine thanks.
   3 Would you like some coffee? – Yes, please.
   4 No, thank you.
   5 Would you like some tea? Or water?
   6 Oh, I'm sorry.

UNIT 7

1 They're, They're, their, their, They're, their

2 1 Yes, they are.   3 Yes, they are.
   2 No, they aren't.   4 Yes, they are.
   5 No, they aren't.

3 2 No, they aren't.   6 No, he isn't.
   3 Yes, it is.   7 No, he isn't.
   4 Yes, she is.   8 Yes, they are.
   5 No, she isn't.

4 *Menschen:* husband, member, neighbour, teacher, wife
   Gebäude: church, hotel, restaurant
   Essen: bread, butter, salt, sugar
   Getränke: coffee, juice, milk, tea, water

UNIT 8

1 2 eight men and seven women
   3 Three of my friends and their wives are members …
   4 two evening classes
   5 names and addresses of six hotels
   6 coaches
   7 five nice old churches; fifteen pullovers and twelve blouses

2 1 an, a, an, –   3 a, a, an
   2 a, an, an, an   4 a, an

3 2 Ten and twelve is twenty-two.
   3 Seven and four is eleven.
   4 Nineteen and five is twenty-four.
   5 Three and eighteen is twenty-one.
   6 Fifteen and five is twenty.
   7 Six and fourteen is twenty.
   8 Eight and thirteen is twenty-one.

4 *Männer:* brothers, Englishmen, grandsons, husbands
   Frauen: daughters, daughters-in-law, sisters, wives
   Männer und Frauen: friends, Germans, members, neighbours, teachers

UNIT 9

1 2 St Albans is about thirty-five kilometres northwest of London.
   3 Canterbury is about eighty-five kilometres southeast of London.
   4 Colchester is about eighty kilometres northeast of London.
   5 Guildford is about forty-five kilometres southwest of London.
   6 Henley is about fifty-five kilometres west of London.
   7 Brighton is about seventy-five kilometres south of London.

2 *Die einzukreisende Zahl ist jeweils:*
   2 67   4 75   6 13   8 15
   3 80   5 90   7 44
   Die andere Zahl sollte so ausgeschrieben werden:
   1 sixty   4 fifty-seven   7 fourteen
   2 seventy-six   5 nineteen   8 fifty
   3 eighteen   6 thirty

3 1 is/'s   4 am not/'m not, am
   2 isn't/is not, is/'s   5 aren't/are not, are
   3 are, aren't/are not

4 1 Where are you from in Germany?
   2 We live in Euskirchen.
   3 It's a medium-sized town.
   4 It's about 30 kilometres east of Munich.
   5 I'm from Mannheim originally.

UNIT 11

1 there are, There is, there is, There is, there is, There are, there are, There are, there is

2
1	some, any	4	any	7	any, some
2	a, some	5	a, a	8	some, any
3	some, any	6	any	9	some

3
1	about	5	go	9	else
2	let	6	excuse	10	really
3	too	7	to		
4	of	8	how		

4
1 Tell me about Euskirchen.
2 What is there to do and see?
3 What else is there?
4 There aren't a lot of good shops.
5 There's beautiful countryside.

UNIT 12

1
1	Yes, there is.	6	Yes, there is.
2	No, there isn't.	7	No, there isn't.
3	Yes, there is.	8	No, there aren't.
4	No, there isn't.	9	Yes, there are.
5	Yes, there are.		

2
2 Would you like some coffee?
3 Would you like to visit me in Germany?
4 Would you like the butter?
5 Would you like to come and meet Angela?

3
1 some.
2 any, No, there aren't, I'm afraid.
3 some, Sorry, the photos are all in my hotel.
4 some, Yes, please.
5 any, No, sorry. But there is some nice wine.
6 any, No, I'm afraid not. We're all from Austria.

UNIT 13

1 *Waagerecht:*
4	with	9	from	14	near
6	about	11	for	15	else
7	to	13	too	16	one

Senkrecht:
1	next	4	Where	8	of
2	ago	5	Her	10	over
3	lot	6	am	12	one

2
1	has	4	has	7	have	10	have
2	have	5	have	8	has		
3	has	6	has	9	has, have		

3 *Reihenfolge von oben nach unten, linke Spalte zuerst:*
5, 3, 1, 2, 4, 6

4
man	*woman*	*people*
boy	girl	children
husband	wife	couple

5
1 He's married and has two daughters.
2 She's divorced.
3 How old are your grandchildren?
4 My granddaughters are five and three.

UNIT 14

1
1 (a) quarter past seven
2 (a) quarter to eight
3 half past eight
4 five to nine
5 ten past eleven
6 half past one
7 twenty-five to five
8 twenty-five past five

2
2 What time will the coach to Oxford leave?
3 When will we arrive there?
4 What time will we meet again?
5 When will lunch be?

3
1 breakfast, lunch, tea, dinner
2 twenty-five past two, half past two, twenty-five to three, half past three
3 awful, OK, lovely, very beautiful

4
1 The next plane is at six o'clock.
2 What time is it?
3 When is the next train?
4 How long will we have in London?

5
1 Excuse me. What time is it?
2 When will the ship leave again? – At half past seven.
3 So how long will we have there? – Eight and a half hours.
4 What time will dinner be this evening?

UNIT 16

1 I get up at seven o'clock. Then I have breakfast – cornflakes, toast and tea. I leave the house at half past eight and start work at nine. I work full-time. I have lunch at one o'clock in our canteen, and I finish work at half past four. I often go shopping – there's a shop near my house. I have supper at six or half past six - it's usually a hot meal. In the evening I read/ watch TV or watch TV/read. But on Tuesday I go to a gymnastics class.

2 go for a drink, go for a meal, go shopping, go to the theatre, go to the cinema, go to bed late and tired

3 2 I have coffee and toast in the morning./In the morning I have …
   3 I always have lunch in town.
   4 On Friday I go to my choir. / I go to my choir on Friday.
   5 I finish work at four o'clock. / At four o'clock I …
   6 I usually go to bed late.
   7 I often watch TV.
   8 I never get up early.

4 1 Saturday   4 Thursday   7 Monday
   2 Sunday   5 Friday
   3 Tuesday   6 Wednesday

UNIT 17

1 … so I don't get up very early. … but I don't have a big breakfast … I don't go shopping on Saturday morning … I don't go to the theatre … I don't visit my relatives … I don't like his wife very much so I don't go there very often.

2 2 g We arrive
   3 a They don't live
   4 b I speak
   5 f and I finish
   6 h but I don't like
   7 c but we get up
   8 e I don't like

3 1 yes   3 no   5 yes   7 no
   2 no   4 yes   6 no   8 yes

4 *You can eat:* an egg, a cold lunch, some sausage, a hot meal
   You can drink: instant coffee, some fruit juice, cold milk, a bottle of wine

UNIT 18

1 He works in Munich. In his free time he goes hiking, and he goes to concerts. He cooks, too. His wife likes that. Inge's daughter lives in the United States. She works in Boston. In her free time she goes to concerts and watches TV.

2 Then she has breakfast. She leaves the house at 8.30 and starts work at 9.00. She works full-time. She finishes work at 4.30.
   Es handelt sich um Ann.

3 1 d live, live   3 e speak, speak   5 c like, go
   2 a sings, does   4 b works, works

4 *Richtige Lösungen:*
   2 after lunch   4 in   6 to   8 go for
   3 On   5 to bed   7 In

5 1 He lives in Ebersberg and works in Munich.
   2 At the weekend he does a lot of sport.
   3 His wife likes music.
   4 Then perhaps I read the weekend newspaper.
   5 Bavaria is a nice place to live.

UNIT 19

1 Chris works full-time, but Monika doesn't work full-time. She only works part-time. Chris speaks German and Monika speaks English. She also speaks Italian, but Chris doesn't speak Italian.
   In her free time Monika sings in a choir. Chris doesn't sing in a choir, but he does a lot of sport. On Sunday she goes to church. But Chris doesn't go to church. Chris likes … Monika doesn't like the summer – she likes the autumn. But she likes …

2 … doesn't like, go, don't have, go, want, lives, doesn't come, don't see, likes, doesn't want

3 1 d   2 e   3 a   4 b   5 c

4 4 in   6 in   8 at
   5 at   7 on   9 on

5 1 What   3 How   5 What
   2 How   4 What   6 How

UNIT 21

1 2 Do you watch it every evening?
     3 Do you get up late on Sunday?
     4 Do you work full-time?
     5 Do you like French wine?
     6 Do you have a big family?

2 2 Austria   4 English   6 Spain
     3 French   5 Portuguese

3 2 How often do they go to the theatre?
     3 How often do they eat fish?
     4 How often do they see their daughter?
     5 How often do they go shopping?
     6 How often do they have a holiday?

4 letter – postcard
     far away – nearby
     I'm sure – I don't know
     understand – speak
     twice – once
     stop – start

UNIT 22

1 1 No, she doesn't.   7 Yes, she does.
     2 Yes, she does.   8 Yes, it does.
     3 Yes, he does.   9 Yes, she does.
     4 Yes, he does.   10 No, she doesn't.
     5 No, he doesn't.   11 No, he doesn't.
     6 Yes, she does.   12 No, she doesn't.

2 2 When does Inge write a letter to Anke?
     3 When does Inge meet friends for a drink?
     4 When does Inge go shopping?
     5 When does Inge go to her English class?

3 does, Does, does, Do, do, Does, doesn't, Do, don't, doesn't

4 *Waagerecht:* 1 him   6 it   9 her
                    3 you   8 us   10 me
     Senkrecht: 2 my   5 us
                    4 our   7 them

UNIT 23

1 *Von links nach rechts:* a/one hundred and fifty-five, four hundred and nineteen, three hundred and two; three hundred and twenty-seven, a/one hundred and twenty-seven, thirty-five

2 2 twelve   4 fifty-three   6 eighty-two
     3 ninety-seven 5 forty-six   7 thirteen

3 2 She's listening to the radio.
     3 They're watching TV.
     4 She's reading.
     5 He's singing.
     6 He's cooking.

4 1 b I'm/I am working
     2 d She's/She is phoning
     3 a He's/He is cooking
     4 e They're/They are looking
     5 c We're/We are making

UNIT 24

1 1 you/few   6 day/say
     2 day/say   7 be/me/tea/see
     3 be/me/tea/see   8 are
     4 you/few   9 my
     5 be/me/tea/see   10 see/be/me/tea

2 1 What   3 Who   5 What   7 What
     2 How   4 What   6 How

3 *Reihenfolge von oben nach unten:*
     5, 2, 1, 4, 8, 3, 7, 6, 9

4 1 d   2 c   3 b   4 a

5 *Waagerecht:* 1 last   6 phone   9 not
                    4 via   7 your   11 fly
                    5 few   8 spell
     Senkrecht: 1 love   3 code   6 post
                    2 stay   5 funny   10 to